창세기

옥한흠 다락방 시리즈 2

소그룹 성경 공부 교재

창세기

옥한흠 지음

국제제자훈련원

교재 사용에 대하여

제자훈련의 열매는 훈련된 평신도 지도자들이 사역하는 소그룹(구역, 다락방, 셀, 목장)이라 할 수 있다. 소그룹이란 성도 간에 아름다운 사랑의 교제를 나누며, 말씀 안에서 영적으로 성숙해가도록 서로 돕고, 믿지 않는 사람들을 초청하여 복음을 나누는 작은 단위의 공동체이다. 소그룹은 하나님의 말씀에 기초한다. 그러므로 각자의 삶을 드러낼 수 있도록 돕고, 변화되어야 할 삶의 목표를 분명하게 제시할 수 있는 좋은 교재가 마련되면 효과적인 소그룹을 운영하는 데 큰 도움을 얻는다. 그러나 분주한 목회자의 입장에서는 직접 교재를 만든다는 것이 그리 쉬운 일이 아니다. 이런 어려움을 해결할 수 있도록 돕기 위해 마련된 것이 '옥한흠 다락방 시리즈'이다.

본 시리즈를 사용하는 데 있어 다음 몇 가지를 참고하기 바란다.

1. 이 교재는 소그룹에서 귀납적인 방법으로 성경을 공부하기 위해 만든 것이다. 즉, 성경의 가르침을 일방적으로 주입하는 대신 충분한 토의를 통해 구성원들의 생각을 먼저 정리하고 그것을 성경의 가르침과 비교하도록 구성되었다. 결코 해답 베껴 쓰기 식의 공부가 되지 않도록 해야 한다. 서툴더라도 자기 인식과 활발한 토의 참여에 의한 생생한 결론이 나올 수 있도록 해야 한다. 따라서 지도자는 소그룹 환경에서 귀납적 방법으로 성경을 공부하는 것이 무엇인지를 반드시 먼저 배워야 한다.
2. 이 교재는 교역자가 매주 소그룹 지도자들을 먼저 예습시킨 다음 사용하게 해야 바람직한 효과를 기대할 수 있다. 소그룹 지도자가 공부할 내용을 충분히 이해해야 한다.
3. 소그룹에 참석하는 자들은 반드시 예습을 하도록 권장해야 한다.
4. 한 과를 공부하는 데에는 한 시간 이상이 필요하다. 그러므로 각 문제에 따라 답만 찾아보고 넘어가야 할 것과 충분한 토의를 통해 진지하게 적용할 것을 잘 구별해서 진행하는 것이 중요하다.

차례

Lesson **1**

하나님의 천지창조

창세기 1:1-31

서론

오늘부터 우리는 창세기를 공부하게 되었다. "창세"란 말은 근원 혹은 기원이라는 의미로서 모든 일의 시작을 이야기하고 있다.

토의내용

1 창조 전의 상태가 어떠하였는가?(1절)

2 6일 동안의 창조 내용을 정리해 보라(2-8절).

- 첫째 날:

• 둘째 날:

• 셋째 날 :

• 넷째 날 :

• 다섯째 날 :

• 여섯째 날 :

3 당신은 천지창조의 내용을 다음 중 어느 것에 속한다고 믿는가? 그리고 그 이유를 말하라(하나님의 계시, 신화, 비과학적 이야기).

4 당신은 창조론과 진화론 가운데 어느 쪽을 믿는가?

5 창조자는 누구인가? 1장 전체에서 "하나님"이란 말이 몇 번 나오는지 세어 보고 결론을 이야기하라(참고/사 42:5).

6 "하나님이 가라사대"가 몇 번 나오는지 검토하고 그 말이 가지는 중요성을 이야기 하라(참고/시 33:6).

7 모든 세계가 말씀으로 지어진 것을 믿는가? 그리고 어떻게 믿는가?(참고/히 11:3)

8 하나님께서 천지를 창조하신 이유가 무엇인가?(골 1:16-17)

9 창조 시 우주만물은 하나님 보시기에 어떠하였는가? "좋았더라"는 말씀이 나오는 곳을 지적해 보라.

10 만물이 하나님 보시기에 좋았다는 것은 다음 몇 가지를 가르쳐 준다.

(1) 하나님에 대해서(시 100:5, 마 5:45)

(2) 만물에 대해서(딤전 4:4)

(3) 진리에 대해서(롬 1:20, 시 19:1)

11 우리는 창조자 하나님께 무엇을 해야 하는가?(시 145:3, 10)

12 "만일 우리가 창세기 1장 1절을 조금도 의심하지 않고 믿는다면 나머지 성경말씀을 믿는 데 조금도 지장이 없을 것이다." 당신은 이 말에 긍정하는가? 그리고 그 이유가 무엇인가?

Lesson 2

인간 창조

창세기 1:26-28, 2:7

서론

하나님이 우리 인간을 창조하실 때에는 특별한 배려를 하셨다.

토의내용

1 몇째 날에 인간이 창조되었는가?(1:31)

2 마지막 날에 인간을 만드신 이유가 무엇이라고 생각하는가?

3 왜 하나님이 "우리"라는 복수형을 사용하셨을까?(창 1:1, 골 1:16–17, 시 104:30)

4 누구의 형상을 닮게 만들었는가?(1:26)

5 하나님의 형상이란 무엇이며 지금은 이 형상이 어떻게 되었는가? 에베소서 4장 22절과 23–24절을 비교하여 설명하라.

6 예수 믿기 전에 당신은 하나님의 형상이 파괴된 비참한 존재였다는 것을 알고 있었는가? 지금은 어떻게 생각하고 있는가?

7 하나님이 무엇을 가지고 사람을 만드셨는가?(2:7)

8 흙으로 만들었다는 것은 무엇을 말하는 것인가?(참고/창 3:19)

9 인간이 하나님께 위임받은 특권을 말하라(1:26).

10 타락한 후 인간은 이 특권을 어떻게 하였는가?(시 106:19-20)

11 우상숭배란 우리에게 무엇을 의미하는 것인가?

12 인간이 창조 시 받은 축복은 무엇인가?(1:28)

13 우리가 인간창조의 진리를 배우면 인간으로서의 긍지와 겸손을 배우게 된다. 왜 그런가?(시 8:4-6, 사 2:22)

14 당신은 하나님의 손에 만들어진 존재라는 것을 확신하는가? 그 확신을 우리가 가질 때 어떤 마음을 가지게 되는지 각자 이야기해 보자.

Lesson 3

에덴동산의 생활

창세기 2:8–20

서론

하나님께서 사람을 만드시고 에덴에 있는 동산으로 인도하여 살게 하셨다. 인류의 역사가 시작된 것이다.

토의내용

1 하나님이 사람을 거주하게 하신 동산은 어디인가?

2 에덴동산의 위치가 대략 어디라고 추측할 수 있는가? 지도를 보고 이야기 해보라(14절).

3 흔히 에덴동산이 어떤 곳으로 비유되는가?(창 13:10, 계 2:7)

4 사람이 에덴동산에서 맡은 일은 무엇인가?(15절)

5 아담이 에덴동산에서 실제로 일을 하였다고 생각하는가?(참고 2:5, 3:17)

6 아담이 쉬는 날은 언제였을까?(2:1–3)

7 당신은 일하기를 싫어하지 않는가? 그렇다면 그것을 살 권리를 포기하는 것이며 하나님의 자연질서를 어기는 것이라고 생각하지 않는가?(참고/살후 3:10–11)

8 당신은 7일 중 하루를 쉬는 것이 당신 건강과 축복을 위해서 중요하다고 생각지 않는가?

9 하나님이 에덴 동산에서 준비하신 것 세 가지가 무엇인가?(9절)

10 생명나무에 대해서 생각해 보라(참고/창 3:22, 계 2:7).

11 선악과 나무에 대해서 말해 보라(참고/창 3:22).

12 선악과를 먹으면 그 결과가 어떻게 된다고 하였는가?(17절)

13 아담은 하나님과 연약을 맺을 때에 어떤 위치에 서 있었는가?(롬 5:19)

....

....

....

14 아담이 짐승들의 이름을 지어주었다. 이것은 무엇을 의미하는 것일까?

....

....

....

15 지금까지 공부한 것을 근거해서 하나님과 당신 사이에 나타난 절대적인 차이점 두 가지를 말하고 적용해 보라.

....

....

....

Lesson 4

가정의 시작

창세기 2:18–25

서론

가정은 하나님이 만드신 제도이다. 동시에 하나님이 허락하신 가장 아름다운 선물이다.

토의내용

1 하나님이 창조시에 하신 일들은 다 좋아 보였으나 단 한 가지가 예외였다. 그것이 무엇인가?(1:31, 2:18)

2 왜 독처하는 것이 좋지 못하다고 보셨을까?

3 경험적으로 보아 독신주의가 좋지 아니한 이유를 들어보라. 그리고 현대 사회에서 유행하고 있는 독신풍조를 어떻게 생각하는가?

4 아내의 근본 역할은 무엇인가?(2:18, 참고/고전 11:9)

5 아내가 돕는 자의 위치에 있다는 것은 무엇을 의미하는가? 신분상의 종속관계인가 아니면 기능상의 상호보완 관계인가?(참고/고전 7:4, 11:11–12)

6 그러나 성경에서는 남자의 위치가 여자보다 위에 있다고 주장한다. 그 이유가 무엇인가?(고전 11:7–9)

7 부부 사이에서 서로 잘못 오해하고 있는 사실이 있으면 이야기해 보라.

8 하나님이 여자를 어떻게 만드셨는가?(2:21-22)

9 여자가 남자의 갈빗대로 만들어진 이유 두 가지를 설명하라(2:23-24).

10 결혼의 3대 요소를 정리해 보라(2:24, 참고/마 19:4-6).

11 지금까지 공부한 내용을 가지고 결혼생활이 신성한 이유를 이야기해 보라.

Lesson 5

사탄의 유혹

창세기 3:1–6

서론

인류의 시조는 드디어 유혹을 받아 타락한다. 이 사건은 역사상 가장 큰 비극이 되었다.

토의내용

1 뱀의 우수성이 무엇인가?(1절)

2 뱀의 간교함(영리함)을 먼저 지적한 이유가 어디에 있을까? 뱀 자신은 마귀가 아니었다(참고/갈 6:3).

3 자신이 선천적으로 타고난 우수한 어떤 것으로 인해 화를 자초한 예를 한번 들어 보라(참고/삼하 14:25-26, 18:9).

4 당신에게 있는 어떤 우수성이 자주 마귀가 공격하는 과녁이 되는 것이 있으면 말해 보라.

5 뱀이 누구를 찾아 왔는가?(1절)

6 왜 여자를 유혹의 대상으로 골랐다고 생각하는가?(참고/벧전 3:7, 창 2:16-17)

7 뱀은 어떤 형식으로 여자에게 접근하였는가?(1절)

8 확신을 가지고 있는 사실에 대해 질문을 던질 때 노릴 수 있는 효과를 말해 보라.

9 가끔 당신에게 이런 질문의 소리가 마음에 들린 일이 없는가? 있으면 예를 들어 보라.

10 여자의 대답은 무엇인가?(2-3절)

11 여자의 대답에서 나타난 약점이 무엇인가?(참고/2:17)

12 여자가 왜 정확한 대답을 못했다고 생각하는가?

13 뱀은 무엇이라고 했는가?

14 뱀의 말 속에 들어 있는 유혹의 요소를 몇 가지 정리해 보라.

15 하와의 경우를 보아 유혹은 항상 어떤 경우에 찾아오기 쉬운가?

16 여자가 유혹을 받게 되는 과정을 정리해 보라(6절).

17 타락 시 남자의 약점을 이야기해 보라(6절).

18 왜 범죄에서도 행동보다 마음의 동기가 더 중요한가?

19 우리 조상이 유혹을 쉽게 받을 수 있었던 근본적인 동기가 어디에 있었다고 생각하는가?(5-6절)

20 우리가 시험을 피하고 이기려면 항상 유의해야 할 점들이 무엇인지 정리해 보자.

Lesson 6

타락의 결과

창세기 3:7-21

서론

아담과 하와는 범죄하고 말았다. 그 결과 따라온 비참한 결과는 무엇인가?

토의내용

1 인간이 범죄하자마자 가장 먼저 나타난 반응은 무엇인가?(7, 11절)

2 수치심은 타락의 결과로 사람의 영혼과 육신 사이의 정상적인 연관성이 파괴됨에서 생긴 것이라고 하는 견해를 어떻게 보는가?

3 인간의 범죄로 나타난 두 번째 반응은 무엇인가?(8절)

4 하나님을 피한 이유가 무엇인가?(참고/요 3:20)

5 당신의 경험에 비추어 보아 이상 두 가지 반응이 진실이라는 것을 말할 수 있는가?

6 11절의 말씀 뒤에 숨어 있는 하나님의 의도를 이야기해 보라.

7 아담의 대답은 무엇인가?(12절)

8 여자의 대답은 무엇인가?(13절)

9 그들의 핑계가 거짓말은 아니었다 하더라도 그들에게서 범죄가 가져다준 세 번째의 반응을 꼭같이 볼 수 있다. 그것이 무엇인가?

10 이와 비슷한 예를 우리 주변에서 한번 찾아 보라.

11 여자가 받은 저주는 무엇인가?(16절)

12 남자가 받은 저주는 무엇인가?(17-18절)

13 남녀가 받은 저주가 얼마나 사실인가를 이야기해 보자.

14 2장 17절과 3장 19, 24절을 비교하여 인간 타락으로 인해 인류에게 임한 죽음을 정의해 보라(참고/롬 5:12).

15 아담의 결정적인 실수는 무엇인가?(17절)

16 지금도 이런 사례가 종종 있다. 한번 이야기해 보라. 남자의 이런 약점을 여자는 어떻게 보완해 주어야 하는가?

Lesson 7

아벨의 제사와 죽음

창세기 4:1-8

서론

아담의 두 아들 사이에 일어난 인류 최초의 비극을 공부하게 된다.

토의내용

1 하와가 가인을 낳고 무엇이라고 말했는가?(1절)

2 아담과 하와가 셋을 낳고 무엇이라고 고백했는가?(25절)

3 이상 두 가지 경우를 보고 아담과 하와의 신앙에 대해 무엇을 말할 수 있겠는가?(참고/히 11:4)

4 인류가 직업을 가진 후 제일 먼저 한 일이 무엇인가?(3-4절)

5 가인과 아벨의 제사를 비교해 보라. 같은 점과 다른 점은 무엇인가?

6 하나님이 가인의 제사를 거부하고 아벨의 제사를 열납하셨는데 그 이유가 무엇이라고 생각하는가?

- 출 13:12
- 잠 3:9
- 히 11:4

7 피조물 된 인간은 누구나 하나님께 예배할 엄숙한 의무와 책임을 가지고 있다. 당신은 예배에 대해 어떻게 생각해 왔는가?(참고/요 4:23)

8 7절의 내용을 해석해 보라.

9 당신은 죄의 강한 욕망을 느낄 때 어떻게 자신을 다스리는가?

10 인간이 타락 후 범한 첫 번째 죄악이 무엇인가?(8절)

11 아담의 죄는 그 아들 안에서 형제 살해로 발전하였다. 당신은 이 사실을 어떻게 느끼는가?

12 아벨의 희생이 주는 교훈은 무엇인가? 그리고 이 죄는 누가 갚아 주는가?(참고/마 23:35-36)

13 오늘 공부한 내용을 가지고 제일 크게 깨달은 것이 무엇인가?

Lesson 8

가인의 후예와 셋의 후예

창세기 4:9–26

서론

가인이 동생을 살인한 후 하나님께서 그를 어떻게 다루었으며 그의 후손과 셋의 후손의 차이점이 어디에 있었는가를 공부한다.

토의내용

1 살인한 가인에게 하나님이 무엇이라고 물으셨으며 대답은 무엇인가? (9절)

2 하나님이 왜 이런 질문을 하셨을까?

3 가인의 대답에서 인간의 그릇됨과 악함을 엿볼 수 있다. 왜 그런가?

4 10절 내용을 설명하라.

5 살인자가 지상에서 받는 형벌들이 무엇인가?(11–12절, 참고/레 18:28)

6 가인은 마치 자기 죄를 회개하는 것 같이 보인다. 그러나 사실은 그렇지 않은데 그 이유가 어디에 있는가?(13절, 참고/시 32:5)

7 우리에게서 가인과 유사한 문제를 찾을 수 없는지 각자 반성해 보자. 우리의 회개의 동기가 어디에 있는가?

8 하나님은 가인의 가련한 형편을 퍽 동정하신 것이 틀림없는 것 같다. 그 동정의 내용을 말해 보라(15절).

9 하나님이 그렇게 관용하신 이유가 무엇인가?(창 3:15, 마 13:30, 잠 16:4)

10 흔히 악한 자가 세상에서 형통하는 경우를 본다. 이것으로 시험을 받은 일이 없는가?(참고/욥 21:7-13, 19-20)

11 이 문제에 대해 성경은 무엇이라고 대답하고 있는가?(시 92:7)

12 인류의 문명이 누구의 손을 통해 발전하고 있는가? 그리고 최초 원시 문명의 내용이 무엇인가?(17, 21-22절)

13 아벨 대신에 경건한 믿음의 조상으로 태어난 자가 누구인가?(25절)

14 셋의 후손들이 가인의 후손에 비해 어떤 점에서 달랐는가?(26절, 5:22)

15 가인의 후예들이 가졌던 관심과 셋의 후예들이 가졌던 관심이 퍽 대조적이었던 이유를 말해 보라(참고/합 3:17-18).

16 당신은 크리스천이 세상의 문명에 대해 어떤 태도를 가져야 한다고 생각하는가?

17 각자 자기가 가인의 자손이 아니라는 사실을 증거를 들어 말해 보자.

Lesson 9

홍수 심판 준비

창세기 6:1-22

서론

하나님은 왜 심판을 불가피하게 보셨는가? 그 당시 노아의 위치는 무엇이었는가?

토의내용

1 인구 증가로 인해 일어난 타락상을 본문에 있는대로 설명해 보라(1-2절)

2 하나님의 아들들과 사람의 딸들을 해석해 보라.

3 하나님의 아들이 천사를 가리키지 아니한다고 생각하는 이유를 설명하라.

4 예수님은 노아 시대의 형편을 가지고 무엇이라고 경고하였는가? 그리고 마지막 심판을 목전에 두고 있는 오늘날과 그 당시를 비교하면서 유사한 점을 지적하라(참고/마 24:37-39).

5 세상이 죄악으로 인해 극도로 부패하게 되자 하나님이 무엇을 결심하였는가?

(1) 3절(참고/롬 1:24,26,28)

(2) 7, 13, 17절

(3) 18절

6 하나님은 노아에게 무엇을 준비하게 하셨는가?(14절)

7 지금도 하나님은 똑같은 계획을 가지고 계신다. 다음 것들은 오늘의 무엇을 상징한다고 볼 수 있는가?

- 노아 :

- 방주 :

- 홍수 :

8 하나님이 한탄하신 것은 사람의 생각과 행동 중 어느 쪽에 더 큰 비중을 두셨는가? 그리고 그 이유는 무엇인가?(5–6절, 참고/마 23:25–28)

9 당신은 하나님의 심판을 어떻게 생각하는가?

10 유예기간을 120년이나 주신 하나님을 어떻게 생각하는가? (참고/시 103:8)

11 우리는 노아 당시 하나님의 아들들처럼 세상과 짝이 되어 경건을 잃어 가고 있다고 생각지 않는가? 만일 교회가 세속화되어 간다고 우려가 되면 그 실례를 들어 보라.

12 우리가 마지막 심판을 대비하기 위해 노아에게서 배워야 할 교훈이 무엇인가?

Lesson **10**

홍수 심판

창세기 7:1–24

서론

드디어 홍수 심판이다. 하나님의 경고가 얼마나 정확하며 그 심판이 얼마나 두려운가를 볼 수 있다.

토의내용

1 하나님이 노아에게 무엇이라 명령하셨는가?(1절)

2 은혜의 기간이 끝이 났다. 왜 그렇게 말할 수 있는가?(참고/창 6:3, 고후 6:1)

3 하나님은 다시 한번 노아를 칭찬하신다. 아마 120년 동안 노아가 하나님께 얼마나 성실하였는가를 암시하는 듯하다. 그 내용이 무엇인가? 그리고 그 의미를 다시 한번 말해 보라(1절, 참고/히 1:7).

4 방주에 승선하는 기간이 얼마 동안이었는가?(4절)

5 그동안 짐승들은 어떻게 하였는가?(8–9절)

6 짐승들은 위기를 느끼고 방주로 찾아 왔으나 사람은 노아 식구 외에는 하나도 오지 않았다. 무엇을 배울 수 있는가?(참고/시 49:20, 벧전 2:12)

7 방주에 노아의 식구와 각종 짐승들이 들어가기를 마치자 하나님은 무엇을 하셨는가?(16절)

8 그 이유가 어디에 있었는가?(참고/계 3:7)

9 홍수의 상황을 설명해 보라(11-12, 17-24절).

10 홍수의 결과는 어떻게 되었는가?(21-22절)

11 우리가 이 사건을 통해 경고를 받아야 할 다음의 내용에 대해 이야기 해 보라.

- 하나님의 공의 :
- 심판 경고의 정확성 :
- 철저한 심판 :

12 당신은 주님이 오실 때 시작될 최후 심판을 어떻게 준비하고 있는가? 노아의 경우와 비교해 보라.

• 노아의 믿음 :

• 노아의 인내 :

• 노아의 경건 :

• 노아의 순종 :

Lesson 11

홍수 심판의 종결

창세기 8:1-22

서론

홍수는 끝났다. 여기에서 나타난 하나님의 자비는 참으로 풍성하였다.

토의내용

1 하나님께서 물을 땅에서 줄이기 시작하신 동기가 무엇인가?(1절)

2 하나님이 인간의 연약함을 어느 정도로 염두에 두고 생각해 주시는가? (시 103:13-14, 히 4:15)

3 최후심판 때에도 하나님은 우리의 연약함을 생각하여 어떤 자비를 베푸신다고 하였는가?(마 24:21–22)

4 노아가 방주에 들어갔다가 다시 나오기까지 얼마 동안의 시간이 흘렀는가?(7:11, 8:13–14)

5 노아가 물이 준 형편을 알아보려고 내어 놓았던 까마귀와 비둘기의 차이점이 무엇인가?

- 까마귀(7절)
- 비둘기(8–9절)

6 비둘기와 까마귀의 차이점을 가지고 신자와 불신자의 차이점을 비교해보라(히 10:39, 딤전 4:3–4).

7 노아가 방주에서 나온 후 하나님은 그들에게 무슨 축복을 하셨는가?(8:17, 9:1)

8 노아가 땅을 다시 밟자마자 무엇부터 하였는가?(20절)

9 하나님이 향기를 흠향하셨다는 의미가 무엇인가?(빌 4:18, 참고/레 1:9)

10 제사를 받으신 하나님이 무엇을 작정하셨는가?(21절)

11 21절의 말씀 속에 담겨 있는 하나님의 풍성하신 자비를 이야기해 보라(참고/시 103:8-10, 눅 6:35).

12 우리는 하나님의 자비하심을 악용하는 때가 없는가?(참고/롬 2:4)

13 언제 하나님은 그의 자비를 거두시는가?(참고/히 12:16-17)

Lesson 12

홍수 후의 언약

창세기 9:1-29

서론

홍수로 세상을 심판하신 다음 하나님은 인간의 불안을 어떤 말씀으로 씻어 주셨으며 동시에 어떻게 축복해 주셨는가를 검토해 보자.

토의내용

1 방주에서 나온 노아와 그 식구들에게 하나님이 주신 축복이 무엇인가?(1, 7절)

2 사람이 땅 위에서 생육하고 번성하는 것이 하나님의 지속적인 축복이라고 믿는가?(참고/창 1:28) 만일 믿는다면 현대 사회에서 산아제한을 통하여 출생을 억제하는 일을 성경적이라고 볼 수 있는가?

3 2절의 말씀은 무슨 의미를 가지고 있는가? 짐승에게 인간 공포증을 심어준 이유가 무엇인가?(참고/창 3:17-18)

4 홍수 후에 인간의 주식으로 허락한 것이 무엇인가?(3절)

5 피를 먹지 말라고 엄하게 경고한 이유를 설명해 보라(6절). 지금도 고기를 피째 먹을 수가 없는가?(참고/행 15:20)

6 홍수 후에 하나님이 인류와 세운 언약이 무엇인가?(11절)

7 그 언약을 확증할 수 있는 표로 무엇을 지정하셨는가?(13-16절)

8 왜 하나님께서 이와 같은 언약이 사람에게 필요하다고 생각하셨을까? 사람의 마음속에 도사린 모든 약점을 특별히 고려해 주셨다고 생각하는가?(시 78:37, 43:5)

9 당신이 불안할 때 하나님이 주신 당신의 무지개는 무엇인가?

10 노아가 추태를 부리게 된 원인이 무엇이라고 생각하는가?(20-21절)

11 아버지의 잘못으로 자녀를 저주한 노아의 태도를 어떻게 생각하는가?(24-25절)

12 함과 그의 자손은 오늘날 어느 민족이라고 생각하는가?(시 78:51)

13 당신은 셈과 야벳이 자기 아비의 수치를 가리워 준 태도에서 무엇을 배울 수 있는가?(참고/마 18:15-16, 벧전 4:8)

Lesson 13

바벨탑

창세기 11:1-26

서론

바벨탑을 쌓게 된 동기와 그 결과를 공부하고 거기에서 하나님이 아브라함을 선택하신 이유를 알아 보고자 한다.

토의내용

1 얼마동안 인류 문화는 어떤 특징을 가지고 있었는가?(1절)

2 사람들이 시날 평지에서 계획한 일을 설명하라(2-4절).

3 바벨탑을 쌓는 그들의 역사가 하나님 보시기에 어떠하였는가? 그 결과는 어떻게 되었는가?(6-8절)

4 바벨탑의 꿈이 하나님 앞에 심판을 면하지 못할 정도로 악하였던 이유를 동기와 목적 면에서 설명하라(4절).

5 우리에게도 비슷한 바벨탑은 없는가?

6 지금도 인간이 교만하여 하나님을 대적할 때는 항상 인간의 능력을 과시하는 연합운동을 앞세운다. 여기에 대해 성경은 어떻게 예언하고 있는가?(행 4:25-28)

7 바벨탑 사건으로 인간은 의사소통이 잘 안 되는 복잡한 집단으로 전락하고 말았다. 이제 하나님은 무엇으로 세계가 하나되는 참된 통일을 계획하고 계시는가?(엡 1:7-10)

8 아브라함은 노아의 아들 중 누구의 후손인가?(10, 26절)

9 셈은 노아의 아들 중 어떤 축복을 받은 자인가?(9:26-27)

10 10-26절 사이의 족보는 어떤 의미에서 중요한가?

11 홍수와 바벨탑 사건은 인간 수명을 단축시키는 데 큰 영향을 주었다. 다음의 이유에 대해 이야기해 보라.

- 기후의 변화(8:22)

• 생활 습관의 변화

• 육식의 시작(9:3)

12 11장의 내용을 공부하면서 가장 깊이 깨닫고 느낀 내용이 무엇인지 간단하게 이야기해 보라.

Lesson **14**

부름 받은 아브람

창세기 11:27-12:9

서론

셈 자손 가운데서 하나님은 아브람을 선택하셨다. 그리고 그를 따로 불러내어 놀라운 축복을 약속하셨다.

토의내용

1 아브람 내외가 짊어진 무거운 십자가는 무엇인가?(11:30)

2 그 당시 자녀를 가지지 못하는 것이 얼마나 무서운 고통이며 수치였는지 다음 두 곳을 찾아 보라.

• 창 30:1-2, 참고/렘 31:15

• 눅 1:24-25

3 하나님이 남다른 약함이나 고통을 안고 있는 사람을 사용하신다는 사실을 어떻게 생각하는가?(고전 1:28-29)

4 하나님이 아브람을 불러 무슨 명령을 주셨는가?(12:1)

5 이 명령은 오늘날 우리에게 무슨 교훈을 주고 있는가?

• 마 10:34-37

• 약 4:4

6 아브람을 불러 내신 하나님은 동시에 무엇을 약속하셨는가?(12:2-3)

(1)

(2)

7 하나님의 명령이 있는 곳에는 항상 축복의 약속이 있다. 여호수아 1장 7-9절을 가지고 이 사실을 다시 한번 확인하고 명령과 약속을 잇는 줄이 무엇인지 말하라.

8 4절에 나오는 아브람의 결단과 행동의 근거는 무엇인가?

9 당신은 "여호와의 말씀을 따라 갔고"를 실제 생활에서 어떻게 실천하고 있는가?

10 하나님이 12장 7절에서 두 번째 아브람에게 나타나셔서 말씀하시는 이유를 한번 생각해 보라(참고/요 14:21).

11 아브람이 약속의 땅에서 하나님을 만난 후 무엇을 하였는가?(12:7)

12 제단을 쌓았다는 것은 무엇을 의미하는 것인지 “여호와의 이름을 불렀더니”의 말씀과 연관시켜 설명해 보라(참고/시 145:1-3).

13 아브람은 처음 제단을 쌓은 벧엘 지역을 중심으로 생활하였다(참고/13:1-4). 이 사실은 우리에게 무엇을 가르치고 있는가?

14 당신은 하나님 중심, 성경 중심, 교회 중심의 생활을 어떻게 실천하고 있는가?

Lesson **15**

아브람이 애굽으로 이주함

창세기 12:10-13:4

서론

우리는 하나님의 자녀가 되면 고통스러운 일은 잘 일어나지 않을 것으로 기대한다. 그러나 아브람처럼 믿음이 탁월한 사람도 무서운 경제적 타격을 당하는 것을 볼 수 있다. 아브람은 고통을 당할 때 무엇을 하였으며 하나님은 어떤 계획을 가지고 계셨는지를 알아보는 것은 우리 모두에게 큰 유익이 될 것이다.

토의내용

1 가나안 땅에 무슨 불행이 찾아왔는가?(10절)

2 아브람은 어디로 이주하였는가?(11절)

3 그가 애굽으로 내려간 것은 잘한 일이라고 볼 수 있는가? 잘못되었다면 그 이유가 무엇인가?(참고/창 26:1)

4 성경에 기록된 유명한 기근에 대해 찾아보고 분석해 보라. 그리고 무엇을 말할 수 있는가?

	시대	원인	대책
창 26:1			
창 41:54			
룻 1:1			
삼하 21:1			

5 우리에게 기근과 같은 재난이 다가온다면 신앙인으로서 어떻게 대처하겠는가?(참고/롬 12:12, 시 77:2)

6 애굽으로 가면서 아브람에게 드러난 그의 믿음의 약점이 무엇인가?(11-13절)

7 왜 아브람의 거짓이 믿음의 약점이라고 할 수 있는가?

8 믿음 없이 현실을 대할 때 아브람에게 찾아 온 비극은 무엇인가?(15절)

9 잠언 3장 5-7절을 가지고 아브람의 잘못을 분석해 보라.

10 우리에게도 처세하는 데 있어 아브람과 같은 약점들을 드러낼 때가 없는가? 구체적인 예들을 가지고 이야기하면서 고침 받도록 하자.

11 마지막에 나타난 하나님의 간섭은 무엇인가?(17절)

12 여기서 우리가 무엇을 배울 수 있는가?(요일 5:18, 벧후 2:9)

13 아브람이 애굽에서 얼마동안 생활하였는지 알 수 없으나 거기서 한 가지는 얻었고 다른 한 가지는 잃었다. 그것은 무엇인가?(13:2, 4)

14 당신은 양자 중 택일을 해야 할 경우 어느 편의 생활을 선택하겠는가?

Lesson 16

아브람과 롯의 이별

창세기 13:5-18

서론

오랫동안 동고동락하던 아브람과 그의 조카 롯은 드디어 헤어진다. 그 이유가 무엇이며 배후에 숨어있는 하나님의 뜻은 무엇인지를 공부하려 한다.

토의내용

1 아브람과 롯이 함께 살 수 없었던 이유가 무엇인가?(5-7절)

2 재산이 많아지면 일반적으로 인간 관계에 어떤 어려움이 잘 일어나는가?(참고/잠 17:1)

3 아브람이 롯에게 나누어지기를 제의한 이유를 설명하라(7-8절).

4 당신은 계속 다투지 않을 수 없는 사이라면 헤어지는 것이 더 바람직하다고 생각하는가?(참고/행 15:36-41)

5 아브람과 롯이 헤어지게 된 배후에는 하나님의 숨은 뜻이 개입하고 있었다고 볼 수 없는지 생각해 보라(참고/창 12:1-2, 갈 4:30).

6 헤어지기를 먼저 제의한 아브람에게 돋보이는 것이 무엇인가?(9절)

7 롯은 무엇을 선택하였으며 그 선택의 기준이 무엇인가?(10-11, 13절, 참고/마 4:8)

8 믿음으로 행하지 않고 눈으로 보고 좋은 대로 따르는 것은 왜 위험한가?(참고/요일 2:16)

9 당신에게 비슷한 경험이 있었으면 이야기해 보자.

10 아브람의 선택은 무엇인가?(12절)

11 그가 가나안 땅에 머물렀다는 것은 무엇을 의미하는가?

12 믿음으로 행하는 아브람에게 하나님은 무슨 축복을 재확인하여 주셨는가?(14-17절)

13 아브람은 하나님의 약속대로 그 축복을 받았다고 믿는가?
(참고/롬 4:17-18)

14 당신은 하나님이 당신의 축복의 근원이 되기를 원하는가? 아니면 자신의 판단과 현실의 여건에 따라 좌우되는 축복을 기다리겠는가?

Lesson **17**

롯을 구한 아브람

창세기 14:13–24

서론

아브람은 전쟁에도 능한 전사였다. 그의 전투는 우리에게 무엇을 교훈하고 있는가?

토의내용

1 가나안 주변에서 큰 전쟁이 일어난 이유가 무엇인가?(1–4절)

2 이 전쟁은 성경에 나오는 첫 번째 전쟁이다. 무엇을 느낄 수 있는가? (참고/약 4:1–2)

3 롯과 그의 가족들이 당한 재난은 우리에게 무엇을 교훈하는가?
(창 13:13, 잠 13:20-21)

4 만일 당신이 롯의 처지가 되었다면 어떤 점을 깨달을 수 있겠는가?
(참고/잠 14:12)

5 아브람은 주저하지 않고 출병하였다. 무엇을 배울 수 있는가?
(잠 17:17, 24:17)

6 당신은 형제나 친지가 위기에 처할 때 아브람처럼 생명을 걸고 도울 수 있겠는가?(참고/요일 3:16-19)

7 아브람이 집에 사병을 훈련하고 있었다는 사실에서 영적으로 무엇을 배울 수 있는가?(참고/엡 6:10-13)

8 멜기세덱은 누구인가?(18절)

9 아브람의 십일조는 멜기세덱을 누구로 인정한 것인가?(참고/히 7:2, 4, 민 18:26)

10 멜기세덱은 누구를 미리 가리키는 존재인가?(참고/히 6:20)

11 아브람이 전리품을 하나도 받지 않고 거절한 이유가 무엇인가?(23절)

12 아브람의 깨끗하고 단호한 태도 뒤에는 무슨 신념이 숨어 있다고 할 수 있는가?(참고/창 12:2, 잠 16:8, 24:1)

13 오늘날과 같이 배금사상이 지독하게 오염되어 있는 세상을 살면서 아브람처럼 신앙의지가 있는 처세를 할 수 있다고 생각하는가?

Lesson **18**

재확인된 하나님의 약속

창세기 15:1–21

서론

하나님의 약속을 오래 기다리던 아브람의 마음에 일어난 약한 생각은 무엇이며 그를 다시 강한 믿음 위에 세워 주기 위해 하나님은 어떻게 하셨는가를 공부한다.

토의내용

1 아브람은 어떤 상태에서 하나님의 음성을 들었으며 그 상태는 언제까지 계속되었는가?(1절)

2 하나님의 약속(12:2)이 실현되지 않는 지루함 속에서 아브람의 마음에 떠오른 생각은 무엇인가?(2–3절)

3 이런 비슷한 시험을 당해 본 경험이 있으면 이야기해 보자.

4 믿음이 약해진 아브람을 하나님은 어떻게 치료하셨는가?(1, 5절)

5 아브람은 하나님께서 그 자신의 약속을 재확인해 주자 어떻게 하였는가?(6절)

6 아브람의 믿음은 그에게 무엇이 되는가?(6절, 참고/롬 4:1-5)

7 당신은 '믿음=의'라는 진리를 확신하는가? 왜 확신하는가?

8 하나님은 아브람의 자손을 번성케 하고 가나안 땅을 그에게 주시겠다는 이전의 언약을 다시 확인해 주기 위해 무슨 의식을 준비하라고 명령하셨는가?(9절)

9 아브람은 짐승을 쪼개어 마주 벌려 놓았고 하나님은 그 가운데로 지나가셨다(10, 17절). 무엇을 의미하는지 예레미야 34:18-19절을 비교하면서 설명하라.

10 하나님이 친히 언약의 당사자로서 행하신 일을 놓고 우리는 무엇을 깨달을 수 있는가?

11 아브람의 믿음을 굳게 세워 주기 위해 하나님은 이스라엘의 미래 역사를 보여 주셨다. 그 내용이 무엇인가?(13-16절)

12 하나님은 아브람의 후손인 우리에게도 같은 배려를 해 주셨다. 그 조건이 무엇인가?

13 당신의 믿음이 흔들리는 책임은 전적으로 당신 자신이 책임져야 한다. 그 이유가 무엇인가?

Lesson 19

사래와 하갈

창세기 16:1-6

서론

하나님의 약속이 오랫동안 이루어지지 아니할 때 아브람의 가정에 일어난 시험이 무엇인지 공부한다.

토의내용

1 사래와 하갈의 관계는 무엇인가?(1절)

2 사래가 그의 남편에게 제시한 의견을 말해 보라(2절).

3 왜 사래가 이와 같은 계획을 생각하게 되었을까?(참고/3절)

4 당시 동양의 풍속을 미루어 볼 때 아브람이 첩을 얻은 것이 아무런 잘못이 아니라고 할 수 있다. 그러나 그의 생각이 하나님 앞에 건전하지 못했다고 할 수 있는데 그 이유가 무엇인가?(롬 14:23, 잠 16:2-3)

5 당신의 경우를 생각해 보라. 기도의 응답이 더딜 때 당신 자신의 생각을 하나님의 뜻인 것처럼 합리화시켜 행동에 옮겨 본 일이 없는가?

6 하갈로 인해 아브람의 가정에 일어난 어려운 문제가 무엇인가?(4-6절)

7 어떤 일의 결과가 개인이나 가정에 은혜스럽지 못할 때 우리가 행한 일이 잘못된 것이 아닌가를 검토해 보는 일은 바람직한가? 왜 그런가?

8 광야에서 하갈이 누구를 만났는가?(7절)

9 하갈이 얻은 하나님의 약속은 무엇인가?(10–12절)

10 이스마엘 후손에 대한 하나님의 약속은 역사적으로 성취되었는가?

11 왜 하나님께서 하갈을 염려하시고 그를 인도하셨을까?(참고/창 12:3, 19:29)

12 하갈이 만난 하나님은 어떤 분인가?(13절)

13 당신에게도 똑같은 하나님이신가를 이야기해 보라(참고/시 31:7-8).

Lesson 20

새 이름과 할례

창세기 17:1-19

서론

아브람의 나이 99세, 사래의 나이 89세 그리고 그들이 가나안으로 이주한 지 24년의 세월이 흘렀다. 이제와서 비로소 하나님은 그의 약속대로 이행하기 위한 구체적인 준비를 하신다. 그 내용이 무엇인가를 공부하자.

토의내용

1 하나님께서 아브람에게 직접 나타나셔서 무엇이라고 말씀하셨는가? (1절)

2 왜 하나님이 자신을 전능하신 분으로 소개하였다고 생각하는가? (17절과 비교하라)

3 죽음을 피할 수 없는 죄인에게 나타나신 하나님은 자신을 어떤 분으로 소개하는가?(요일 4:8-9)

4 하나님이 주신 아브람(높은 아버지)의 새 이름은 무엇인가? 그리고 그 의미는 무엇인가?(5절)

5 왜 아브라함이라는 이름을 그에게 주셨을까? 개명은 하나님께서 주신 약속의 담보라고 할 수 있는가?

6 우리에게는 무슨 이름을 주어 약속의 담보로 삼으셨는가?(요일 3:1-2)

7 아브라함과 그의 후손이 영원토록 하나님의 백성이 될 언약의 표로 하나님은 무엇을 명령하셨는가?(10-11절)

8 할례의 영적 의미가 무엇인가?(렘 4:4)

9 오늘 읽은 짧은 본문에서 하나님이 언약을 성실하게 이행하신다는 확신을 주기 위해 몇 가지 보장을 하였는가?

10 우리의 구원을 위해 하나님이 주신 보장들은 무엇인지 아는 대로 말해 보라.

11 우리는 실생활에서 많은 언약의 보장을 가지고 있으면서도 하나님의 전능하심과 성실하심을 의심하지 않는가?

Lesson 21

여호와 하나님의 방문

창세기 18:1-21

서론

이삭이 태어나기 전에 하나님은 다시 한번 아브라함에게 나타나셨다. 앞 장은 아브라함을 위해서라면 본 장은 사라를 위해 전능하신 하나님이 친히 방문하셨다.

토의내용

1 하나님이 나타나신 곳은 어디며 그 장소는 어떤 점에서 특징이 있는가? (1절, 참고/13:18)

2 세 사람은 구체적으로 누구였는가?(17절, 참고/19:1)

3 아브라함이 세 사람 중 한 분이 하나님이었다는 것을 즉시 알아 보았다고 생각하는가?(2-3절)

4 하나님이 사라에게 약속한 내용이 무엇인가?(10절)

5 왜 하나님은 사라의 웃음을 책망하셨는가? 그리고 17장 17절에 나오는 아브라함의 웃음과 비교해 보라(12-13절).

6 사라의 거짓말에서 무엇을 배울 수 있는가?(렘 17:19, 잠 6:16-17)

7 하나님은 사라의 웃음 뒤에 숨어 있는 불신앙을 꿰뚫어 보셨다. 여기서 당신은 무엇을 느끼는가?(렘 17:10)

8 하나님과 사라와의 대화에서 하나님의 놀라운 자비하심을 볼 수 있지 않는가?

9 하나님이 소돔, 고모라의 심판을 아브라함에게 미리 예고하신 이유를 18-19절을 가지고 생각해 보라.

10 우리에게도 하나님은 동일한 이유로 주신 것이 있다. 그것이 무엇인가?(고전 10:5-11)

11 앞 장은 아브라함의 믿음을, 본 장은 사라의 믿음을 굳게 해 주려고 하나님은 두 번이나 찾아 오셨다. 그렇게 하시는 이유를 생각해 보라. 그리고 우리에게도 같은 의도를 가지고 도와 주신다고 믿는가?

Lesson 22

아브람의 중보기도와 소돔, 고모라의 죄악

창세기 18:22-19:11

서론

소돔, 고모라를 심판하시겠다는 하나님의 말씀을 들은 아브라함은 인류 최초의 중보기도를 하였다. 그가 얼마나 진지하게, 염치를 잊고 하나님께 매달렸는가를 주의할 필요가 있다. 그러나 천사들이 직접 확인한 소돔, 고모라의 죄는 더 이상 용납할 수 없을 만큼 극치에 달하고 있었다. 그 당시의 죄가 어떤 것이었는가를 우리도 쉽게 알 수 있다.

토의내용

1 아브라함이 중보의 기도를 하게 된 이유가 무엇인가?(20-21절)

2 중보자의 자세를 말해 보라(22-23절).

3 23-25절을 가지고 다음 질문에 대답해 보라.

(1) 여기서 말하는 '의인'은 어떤 사람을 의미할까?(참고/겔 18:5-9)

(2) 아브라함은 의인 50명만의 구원을 위해 기도했는가? 그렇지 않다면 왜 그랬을까?

(3) 아브라함이 호소할 수 있는 근거는 무엇이었는가?(참고/욥 8:3)

4 그의 중보기도는 몇 차례나 반복되었는가? 이것은 우리에게 무엇을 교훈하고 있다고 생각하는가?(24-32절)

5 우리의 유일한 중보자는 누구며 그가 어떻게 중보의 일을 하셨는가?

• 과거에(벧전 2:24)

• 현재에(롬 8:34)

6 당신은 중보의 기도를 하고 있는가? 그 대상은 누구며 어떻게 기도하고 있는가?

7 롯이 무리에게 한 말을 미루어 보아 무엇을 결론지을 수 있는가? (19:8)

8 천사들이 확인한 소돔성의 죄악은 어떤 것이었는가? (5절, 참고/유 1:7)

9 어느 때든지 성적 타락 현상은 우리에게 무엇을 경고하고 있는가?

10 성도들의 중보기도가 이 시대에 얼마나 중요한지 모른다. 왜 그런지 이유를 말하라. 그리고 금주 동안 중보기도 제목을 작성하고 실천해 보자.

Lesson 23

소돔성의 멸망과 롯의 구원

창세기 19:12-29

서론

오늘은 소돔과 고모라의 멸망을 공부하려고 한다. 그 무서운 심판의 와중에서 롯과 그의 가족을 구원하시는 하나님의 인자하신 손길을 우리는 주의 깊게 살펴야 한다. 그리고 마지막까지 정신을 차리지 못하는 몇 사람의 경우를 놓고 현대에 사는 우리들과 비교해 보는 것은 대단히 큰 의미가 있을 것이다.

토의내용

1 하나님께서 소돔성을 멸하기 전에 롯에게 베푼 은총의 첫 번째와 두 번째가 무엇인가?(12-13절)

2 롯의 사위들의 반응은 어떠했으며 그 이유가 무엇인가?(14절)

3 만일 우리가 성경을 가지고 세상 종말의 심판을 우리 집안에 경고한다면 롯의 사위들같은 반응을 보일 사람이 얼마나 된다고 생각하는가?

4 롯이 성을 빨리 빠져 나가지 않고 지체한 이유를 생각해 보라.

5 하나님이 롯에게 베푼 세 번째 은총을 말해 보라(16절).

6 롯이 산으로 도망가라는 천사의 지시에 기꺼이 순종하지 못한 이유가 어디에 있을까?

7 하나님이 롯에게 베푼 네 번째 은총은 무엇인가?(21-22절)

8 롯이 하나님께 은총을 많이 입은 이유가 무엇인가?(29절, 참고/벧후 2:7-8)

9 소돔과 고모라의 마지막을 묘사해 보라.

10 소돔과 고모라의 심판은 후세대를 위해 어떤 의미를 가지는가?(눅 17:28-30)

11 잘 살아 보겠다고 소돔을 찾아간 롯의 손에 남은 것은 무엇인가?

12 롯은 어떤 유형의 신앙인이라고 생각하는가?

13 롯의 아내가 망한 이유는 무엇인가?(눅 17:31-32)

14 오늘 공부한 내용에서 당신이 새롭게 발견하고 깨달은 진리가 무엇인가? 그리고 앞으로 어떤 자세를 가지고 신앙생활 하기로 다짐하는가?

Lesson 24

부끄러운 두 사건

창세기 19:30-20:18

서론

소돔성이 망하자 굴 속으로 피하여 거주하던 롯과 두 딸 사이에 일어난 사건과 아브라함이 그랄에 이주하여 거한 동안 사라에게 일어난 사건은 둘 다 자랑스러운 것은 아니지만 우리가 배워야 할 진리를 담고 있다.

토의내용

1 롯과 두 딸이 소알성에서 오래 머물지 못하고 어디로 옮겼으며, 그 이유가 무엇인지 한번 추측해 보라(19:30).

2 두 딸은 무엇을 염려하였으며 그 문제를 어떻게 해결하기로 작정하였는가?(19:31-32)

3 두 딸의 행위가 도저히 용납할 수 없는 저주스러운 것임에도 불구하고 우리가 단순히 정죄만 할 수 없는 경건한 일면을 느낄 수 있는데 그것은 무엇인가?(참고/38:13-26)

4 이와 같은 추한 이야기를 기록하고 있는 성경을 어떻게 생각하는가?

5 그랄로 이주한 아브라함과 사라에게 일어난 불행을 이야기해 보라. (20:1 이하)

6 사라의 나이가 벌써 90인데 아비멜렉 왕이 그를 궁으로 끌어들인 이유가 무엇인가?

7 하나님이 꿈에 왕이 사라를 범하지 못하게 하신 이유를 생각해 보라.

- 아비멜렉의 입장에서(6절)

- 아브라함의 입장에서(7절)

8 하나님의 은혜가 우리의 범죄를 예방할 수 있는가? 당신의 예를 가지고 말해 보라.

9 왜 아브라함을 선지라라고 할 수 있는가?

10 아브라함과 사라의 상습적인 약점을 지적하라(13절).

11 습관적으로 범하는 죄는 죄처럼 보이지 아니할 수 있다. 그러나 그것이 가끔 심각한 고통을 가져다 줄 수 있다는 사실을 어떻게 생각하는가? 당신에게는 이런 문제가 없는가?

12 아브라함의 중보기도가 아비멜렉에게 어떤 결과를 가져다 주었는가? (17절)

13 우리도 세상 앞에서는 선지자요 제사장이다. 우리가 다른 사람들을 위해 기도하면 그것이 큰 유익을 줄 수 있다. 이 사실을 믿는가? 그리고 얼마나 중보기도를 실천하고 있는가?

Lesson **25**

이삭의 출생

창세기 21:1-21

서론

하나님은 그의 약속대로 아브라함에게 이삭을 허락하셨다. "사래는 임신하지 못하므로 자식이 없었더라"(11:30). 그러나 25년 후 그는 약속의 자식을 얻을 수 있었다. 우리는 여기서 위대한 믿음의 승리를 볼 수 있다.

토의내용

1 이삭이 출생할 때 그 부모의 나이가 몇이었는가?(5절, 17:17)

2 성경은 부부의 형편을 어떻게 묘사하고 있는가?(롬 4:19)

3 “말씀하신 대로”라는 말이 우리에게 주는 의미가 무엇인가?(1–2절, 롬 4:18, 20, 사 55:11)

4 이삭의 출생이 하나님 편에서는 그의 성실함을 입증한 것이라면, 아브라함의 입장에서는 그의 믿음의 승리라고 할 수 있다. 왜 그런가? (15:4–6, 롬 4:18, 20–21)

5 당신에게 믿고 얻은 경험이 있으면 나누어 보자.

6 아들을 얻은 사라는 웃었다. 하나님은 그의 불신의 웃음을 무슨 웃음으로 바꾸어 주셨는가?(6절, 참고/18:12)

7 이삭은 전적으로 하나님이 주신 은혜의 선물이라 할 수 있다. 그 이유를 설명해 보라.

8 하나님의 자녀가 된 우리도 이삭과 같이 은혜의 선물이라 할 수 있는가?(고전 15:10)

9 이삭이 젖을 떼면서 큰 잔치를 베풀자 무슨 일이 일어났는가?(8-12절)

10 하나님께서 무엇이라 지적하셨는가?(12절)

11 이 사건은 영적으로 우리에게 어떤 진리를 가르치는가? 갈라디아서 4장 28-31절을 읽고 생각해 보라.

12 불신앙의 씨라 할 수 있는 이스마엘로 인해 아브라함이 신앙적으로 가정적으로 얻은 손해는 무엇인가? 그러나 하나님은 그를 어떻게 위로하셨는가?(13절, 25:12-18)

Lesson **26**

모리아 산상의 기도

창세기 22:1-19

서론

이삭이 건강하고 준수한 소년으로 자라서 아브라함과 사라의 낙이요 자랑이 되었을 때, 하나님은 그를 번제로 자기에게 드릴 것을 명령하셨다. 믿음의 조상 아브라함이 경험한 가장 어려운 시험이 그 자신과 우리에게 무엇을 가르쳐 주는가를 찾는 것은 매우 중요한 일이 아닐 수 없다.

토의내용

1 1-2절의 말씀을 알기 쉽게 당신의 말로 이야기해 보자.

2 이삭이 아브라함에게는 제일 귀한 존재라는 사실을 하나님은 어떻게 표현하고 있는가?(2절)

3 번제는 어떤 제사인가?(레 1:3–9)

4 하나님의 지시를 받고 아브라함이 얼마나 무서운 내적 갈등을 하였을까? 당신이 그의 위치에 있다고 가정하고 이야기해 보라.

5 그러나 날이 밝자 아브라함은 어떻게 행동했는가? 그에게 돋보이는 비범한 점을 몇 가지 지적해 보라(3절).

6 왜 산 아래에다 하인을 떼어 놓고 아들과 단둘이서 산에 올라 갔을까?

7 9-10절을 당신의 상상력을 동원해서 설명해 보라.

8 여기서 아브라함의 위대한 점과 이삭의 위대한 점을 말해 보라.

9 아브라함이 완전하게 순종할 수 있었던 바탕에는 무슨 믿음이 깔려 있었는가?(히 11:19)

10 하나님을 경외한다는 것이 무엇을 의미한다고 생각하는가?(12절)

11 '여호와 이레'라는 의미를 설명하라(14절).

12 아브라함의 완전 순종으로 재확인된 축복은 무엇인가?(16-18절)

13 모리아산은 예루살렘 성전의 터요, 예수님이 십자가를 지신 장소이다. 그런 의미에서 아브라함의 제사는 무엇을 예표하는 사건이라고 할 수 있는가?

14 당신의 믿음, 하나님 경외, 하나님 사랑은 아브라함과 비교해서 무엇이 문제라고 보는가?

Lesson 27

사라의 죽음

창세기 23:1–20

서론

이삭이 태어난 지 37년이 지났다. 그의 어머니 사라의 나이 127세에 이삭은 어머니와 사별하였다. 이 위대한 여성의 죽음과 거기에 따른 장례는 우리에게 무엇을 교훈하고 있는가?

토의내용

1 성경에서 죽을 당시 그의 연수가 기록된 여인은 사라가 유일하다. 베드로전서 3장 6절을 참고하면서 그 이유를 생각해 보라.

2 아내의 죽음 앞에서 아브라함은 어떻게 하였는가?(2절)

3 여생의 소망을 가진 신자가 죽은 자를 앞에 놓고 애통하는 것을 어떻게 생각하는가?(참고/살전 4:13)

4 아브라함이 가나안에 들어와 62년을 살면서 식구들을 장사할 땅 하나 소유하고 있지 않았다는 것은 무엇을 의미하는가?(참고/히 11:13-14절)

5 이 사실은 우리에게 무슨 교훈을 남겨 주고 있는가?

6 아브라함은 가나안 사람들에게 어떠한 사람으로 인식되고 있었는가?(6절)

7 아브라함이 하나님을 모르는 가나안 사람들에게 존경과 신뢰를 받을 수 있었던 이유가 어디에 있었다고 생각하는가?(참고/벧전 3:15-16)

8 "몸을 굽히고"란 말이 거듭나오는 것을 주목해 볼 때 여기서 배울 수 있는 교훈은 무엇인가?

9 아브라함이 에브론에게서 얻은 것은 무엇이며 그 값은 얼마인가?

10 아브라함이 에브론에게 막벨라 굴을 거저 받지 않고 값을 치룬 사실을 가지고 우리가 사회생활을 하면서 깊이 명심해야 할 점이 무엇인지 생각해보자(참고/행 20:33-35).

11 아무리 아끼고 사랑하는 사람이라도 죽음이 와서 빼앗아 가는 것이 인생이다. 부부가 이와 같은 이별을 초월해서 생을 살 수 있는 비결은 무엇인가?(참고/빌 3:20)

Lesson 28

이삭의 결혼

창세기 24:1-27, 62-27

서론

사라가 죽자 아브라함은 아들의 결혼을 서두른다. 아마 아들이 결혼하는 것을 보지 못하고 죽은 아내로 인해 충격을 받았을 것이다. 그리고 자기도 그렇게 될지 모른다는 우려도 있었을 것이다. 무엇보다 어머니를 잃은 이삭을 위로할 수 있는 최상의 길이라고 생각했을 것이다. 당시 결혼 나이 40대 전후는 이상한 일이 아니었던 것 같다.

토의내용

1 아브라함이 그의 늙은 종을 불러 지시하고 맹세케 한 일은 무엇인가? (3-4절)

2 아브라함이 아들의 결혼을 위해 특별히 관심을 나타낸 것 한 두가지를 들어 보라(3-4절, 6절).

3 가나안 족속의 딸들 가운데서 자부를 선택할 수 없다고 생각한 이유가 무엇인가?(참고/신 7:3-4)

4 이삭을 그의 고향으로 데리고 가서 선을 보이지 말라고 명령한 아브라함의 단호한 태도에서 무엇을 배울 수 있는가?(7절, 참고/딤후 4:10)

5 당신은 결혼할 때 이상의 신앙 원리를 실천하였는가?

6 아들의 결혼 문제에 대해 아브라함은 어떤 확신을 가지고 있었는가?(7절)

7 당신은 아브라함처럼 신앙 원리를 따라 사위나 자부를 선택할 의지가 있는가?(참고/창 26:34-35)

8 늙은 종은 나홀의 성에 도착하자마자 하나님의 뜻을 찾기 위해 어떻게 하였는가?(12-14절)

9 그 결과가 어떻게 나타났는가?(15-21절)

10 늙은 종이 가진 단순한 믿음은 무엇이었는가?(참고/학 1:13, 살후 3:5)

11 우리에게 중대한 문제가 발생하고 하나님께서 어디로 인도하실지 잘 모를 때 늙은 종처럼 우리가 먼저 어떤 조건을 제시한 다음 그 결과를 보고 하나님의 뜻이라고 판단할 수 있는가? 비슷한 경험이 있으면 이야기해 보라.

12 이삭이 저물 때 들에 나가 묵상한 이유를 생각해 보라(63절).

13 당신은 중요한 일을 앞에 놓고 하나님께 기도하는 시간을 자주 가지는가?

Lesson **29**

야곱과 에서

창세기 25:19-34

서론

이삭은 결혼 후 얼마동안 자녀가 없어 걱정을 하고 있다가 하나님께서 그의 기도를 응답하여 두 아들을 한 번에 얻게 되었다. 에서와 야곱의 출생 그리고 장자권을 두고 둘 사이에 일어난 에피소드는 우리에게 무엇을 가르치고 있는가?

토의내용

1 이삭이 20년 동안 하나님께 간구한 내용이 무엇이며 하나님은 어떻게 응답하셨는가?(21절)

2 성경에서 자녀를 낳지 못한 부인이 하나님께 기도하여 응답받은 예를 들어 보라(삿 13:2-3, 삼상 1:10-11, 눅 1:12-13).

3 만일 당신이 같은 문제를 안고 있다면 이삭처럼 20년이 넘도록 낙심치 않고 기도하겠는가? 그리고 응답을 확신할 수 있는가?

4 쌍둥이가 태어나기 전부터 하나님은 두 자녀의 장래를 어떻게 예정하고 계셨는가?(23절)

5 이 사실이 우리에게 주는 영적 교훈은 무엇인가?(롬 9:10-13, 19-21)

6 우리가 야곱처럼 아무 공로 없이 하나님의 자녀로 선택을 입었다는 불가사의한 진리를 의심 없이 받아들일 때 우리가 얻을 수 있는 축복이 무엇인가?(참고/시 116:12-14)

7 이삭과 리브가가 자녀 교육에서 지적받아야 할 잘못이 있다면 무엇인가? 그리고 왜 그들이 잘못되었는가?(27-28절)

8 당신의 가정에서는 편애나 끼리끼리의 편의식이 가족 사이를 갈라 놓고 있지 않는가?

9 에서와 야곱 사이에 일어난 장자 쟁탈극을 설명해 보라(29-34절).

10 에서의 잘못은 무엇이며, 왜 그것이 잘못인가?(34절, 히 12:16-17)

11 야곱의 좋은 점과 나쁜 점을 말해 보라(사 65:16, 잠 28:20).

12 하나님이 우리에게 약속하신 영육간의 축복을 받고자 욕심내는 것이 잘못인가? 당신은 야곱의 욕심을 가지고 있는가?

Lesson 30

이삭의 양보

창세기 26:12-35

서론

흉년으로 인해 블레셋 지방에 거하게 된 이삭은 몇 가지 어려움을 겪게 되었다. 그 가운데 하나가 수원(水原)을 확보하기 위한 우물 쟁탈전이었다. 물을 누가 장악하느냐 하는 문제는 생사에 관계되는 중대한 것이었는데, 이삭은 이 상황을 어떻게 대처해 나갔는가?

토의내용

1 이삭이 블레셋 땅에 거주하게 된 이유는 무엇인가?(1-2절)

2 이삭이 복을 받은 이유는 무엇인가?(3절)

3 유대 남부 지역의 기후와 자연조건에 대해서 연구해 보라. 왜 우물을 어렵게 파야 했는가?

4 이삭이 거부가 되자 그 지역 주민들은 그를 어떻게 대접하였는가? (14-16절)

5 블레셋 사람들은 어느 정도로 집요하게 괴롭혔는가?(19-22절)

6 이삭은 시종일관 어떤 태도를 취하였는가?(20-22절)

7 당신은 자기 관리를 포기하고 물까지 양보하는 것으로 일관한 이삭을 어떻게 생각하는가?

8 양보에 대해 성경은 무엇이라고 가르치는가?(마 5:39-42)

9 당신은 이 말씀을 순종하고 있는가?

10 양보하지 않다가 영적으로 손해 본 경험이 있으면 말해 보라.

11 이삭에게는 양보하는 것이 곧 이기는 것이었다. 무엇 때문에 그런가? (26-28절)

12 하나님의 영광을 위해 하나님의 축복을 믿고 악을 악으로 대하지 않고 양보하는 것이 그리스도인의 삶이다. 금주부터 어떻게 이러한 생활을 실천하겠는가?

Lesson 31

축복 쟁탈전

창세기 27:1-29

서론

야곱과 에서는 형제사이지만 처음부터 대결과 경쟁으로 일관하고 있다. 여기서 도전자는 항상 야곱이다. 태에서부터 장자가 되기 위한 싸움을 하였고, 죽 한 그릇을 가지고 그랬으며, 여기서 이삭의 축복을 놓고 다시 맞서고 있다. 야곱에게 축복이란 무엇을 의미했기에 이처럼 집요하게 매달리는 것일까?

토의내용

1 이삭이 늙어 약 140세가 되자 무엇을 생각하고 있는가?(1-4절)

2 이삭은 에서가 장자였으나 그 권리를 죽 한 그릇에 팔았고, 가나안 여자를 아내로 삼아 선민의 거룩을 더럽혔으며 태중에서부터 하나님의

은혜가 야곱의 것으로 확정되었음을 잘 알고 있었다. 그런데 왜 그를 축복하려고 하였을까?(참고/신 21:16)

3 리브가의 계교는 무엇이었으며 왜 그렇게 하였을까?(5-10절)

4 리브가와 야곱에게서 배워야 할 좋은 점이 있으면 말하라.
(참고/창 32:24-26)

5 모자가 잘못한 것이 무엇이며 그 이유가 어디에 있는가?(참고/잠 6:16)

6 리브가가 악한 수단을 동원하게 된 근본적인 원인이 어디에 있다고 생각하는가?(참고/롬 14:23)

7 야곱이 아버지 앞에서 적어도 몇 번 회개할 기회가 있었는가? (20, 21, 24절)

8 우리는 다른 사람의 약점을 이용하여 거짓을 말하는 때가 없었는가?

9 이삭이 빈 축복의 내용을 정리하라(28–29절).

10 야곱이 받은 축복은 예수 믿는 하나님의 자녀들이 받은 신령한 축복을 나타낸다. 왜 그런가?

11 축복의 기회를 놓치고 방성대곡하는 에서가 주는 교훈은 무엇인가? (참고/마 13:42, 50)

12 거짓된 수단으로 목적을 달성하려는 잘못을 범한 대가로 리브가와 그의 가정이 치러야 할 고통을 말해 보라(41-46절).

13 죄가 가정에 자리잡으면 그 가정의 평안과 행복은 깨어지고 만다. 당신의 가정은 어떠한가?

Lesson 32

야곱의 피난

창세기 27:41-46, 28:10-22

서론

단둘뿐인 형제 사이에 무서운 죄가 들어오자 살기등등한 무서운 관계로 변하고 말았다. 야곱은 형을 피하여 피난길에 오른다. 그의 실수와 약점에도 불구하고 하나님은 변함없이 은혜를 베풀고 계시는 것을 볼 수 있다.

토의내용

1 에서는 그 마음에 무슨 생각을 품었는가?(41-42절)

2 리브가의 생각에는 에서의 노가 얼마나 지나면 풀릴 수 있다고 생각하였는가? 그러나 실제로 몇 년이 걸렸는가?(44절, 31:38)

3 죄는 하나님과 세상, 사람과 사람의 사이를 갈라 놓는다. 이삭의 가정에 죄가 자리를 잡자마자 부부사이, 부모와 자녀사이, 형제사이가 갈라지는 비극을 보면서 느끼는 바는 무엇인가?

4 야곱은 여행 중 무슨 꿈을 꾸었는가?(28:12-15)

5 28:13-14절의 내용을 아브라함과 이삭에게 주신 약속과 비교해 볼 때, 하나님께서 야곱을 어떻게 대우하셨다고 할 수 있는가?
(창 12:2, 7, 26:3-4, 출 3:15)

6 28장 15절의 말씀을 정리해 보고, 그것이 우리에게 그대로 적용될 수 있는가를 생각해 보라(참고/시 121:5-8, 마 28:20).

7 하나님이 왜 야곱이 험한 산지를 홀로 여행하고 있을 때 나타나셔서 격려하셨을까?

8 야곱이 꿈을 깨고 나서 놀란 이유는 무엇인가?(16-17절)

9 야곱은 무슨 서원을 하였는가?(20-22절)

10 서원을 하는 이유가 무엇인가?

11 서원을 할 때 주의해야 할 일은 무엇인가?(참고/신 23:21-23)

12 당신은 서원을 한 일이 있는가? 그리고 잘 이행하였는가?

Lesson 33

야곱의 결혼

창세기 29:15-35

서론

야곱은 형을 피해서 그의 외삼촌 라반의 집으로 피신하는 데 성공했다. 기금부터 그의 파란만장한 인생이 시작된다. 하나님은 그에게 먼저 가정을 주셨다. 이 시간은 그가 결혼생활 초기에 경험한 일들을 가지고 중요한 진리를 배우려고 한다.

토의내용

1 야곱이 도착한 곳이 어디인가? 야곱이 얼마나 먼 길을 여행하였는가를 지도를 가지고 확인하라.

• 브엘세바(26:33)-밧단아람(28:5)

2 야곱이 라헬과 결혼하기 위해 결혼 지참금을 내지 못하는 대신 무슨 조건을 내걸었는가?(18절)

3 야곱이 칠 년을 며칠 같이 여기고 일을 한 이유를 말하라(20절).

4 세상을 힘들게 여기지 않고 살아가기 위해 우리가 노력해야 할 일이 무엇이라고 생각하는가? 그리고 당신이 살기가 힘이 든다고 탄식하는 이유가 단순히 경제적인 문제에 있다고 생각하는가?

5 라반은 야곱을 사기했다. 그 내용을 말해 보라(22-26절).

6 이 사건은 단순히 라반이 악한 사람이라는 데만 그 이유를 돌릴 수 없다. 야곱은 그의 아비와 형을 속인 죄를 회개한 흔적이 없다. 그래서 하나님은 여기서 야곱에게 무엇인가를 깨우쳐 주시려고 하는 것 같다. 그것이 무엇인가?(참고/잠 17:3)

7 야곱의 결혼 생활은 처음부터 고통의 씨앗을 안고 있었다. 그것이 무엇인가?(30절)

8 사랑은 속일 수가 없다(특히 부부 사이에서). 레아는 그 사실을 어떻게 말하고 있는가?(32절)

9 레아가 사랑받지 못하는 아내로서의 한을 그가 아들들을 낳으면서 어떻게 표현하고 있는가?(32-34절)

10 자녀를 낳고 살면서도 사랑을 주고받지 못하는 야곱과 레아를 두고 어떠한 느낌을 가지는가? 사랑 없이도 자녀를 낳을 수 있다는 것은 무엇을 의미하는가?

11 레아가 사랑을 받지 못하는 대신 아들들을 얻었고 라헬은 사랑을 받은 대신 무자하였다. 이 사실을 가지고 다음 두 가지를 말해 보라.

• 공평의 원리

• 은혜의 원리

12 오늘 공부한 내용 가운데서 무엇을 가장 크게 깨달았는지 각자 말해 보라.

Lesson 34

레아와 라헬의 갈등

창세기 30:1-24

서론

야곱의 가정은 귀에 들리지 아니하는 태풍 소리가 그칠 날이 없었다. 남편을 가운데 놓고 언니 동생이 벌이는 신경전과 갖가지 인간 수단을 보면서 우리는 무엇을 배울 수 있는가? 그리고 그러한 인간의 약점을 자신의 위대한 계획과 일치시키는 하나님의 인자하심을 어떻게 다 이해할 수 있는가?

토의내용

1 레아가 낳은 네 아들의 이름을 들어 보라(29:31-35).

....

....

....

2 여기에 대해 라헬은 무슨 반응을 보였는가?(30:1)

3 질투에 대해 다음 성구들을 묵상해 보라(아 8:6, 잠 27:4).

4 계속적인 질투의 감정은 라헬의 신앙을 몹시 어둡게 해 버렸다. 그 이유를 다음 세 가지 경우를 가지고 생각해 보라.

• 남편에게 항의한 말 속에서(30:1)

• 그의 시녀를 이용한 행동에서(30:3)

• 이삭과 리브가의 태도를 비교하여(25:21)

5 레아가 그의 시녀를 동원하여 라헬과 경쟁한 사건을 통해 무엇을 배울 수 있는가?(9절)

6 합환채는 당시 임신 촉진제로 사용되던 식물이었다. 아마 그 나무도 지금의 산삼처럼 구하기 어려웠던 모양이다. 라헬이 염치 불구하고 레아에게 달려가 합환채를 손에 넣기 위해 협상을 벌린 것을 보고 무엇을 생각할 수 있는가?(14-15절)

7 합환채를 복용한 라헬에게는 계속 자녀가 없었고 오히려 그것을 포기한 레아가 자식을 얻었는데 여기서 하나님이 무엇을 가르치고 계신다고 보는가?(17절)

8 그 후 라헬의 기질이 많이 꺾이고 신앙의 자세로 돌아간 것 같다. 그제서야 하나님은 그의 한을 풀어 주셨다. 왜 그렇게 말할 수 있는가?(22절)

9 성도가 얻을 수 있는 모든 것은 은혜로 오는 것이라는 사실을 믿는가?(참고/욥 1:21, 전 5:19)

10 인간의 수단 방법이 실패하는 자리에서 우리는 무슨 자세를 다시 찾아야 할까?(참고/시 30:6-10)

Lesson 35

야곱의 축제

창세기 30:25-43

서론

야곱이 외삼촌 라반의 집에서 생활한 지 14년이 흘렀다. 두 아내를 위해 14년을 봉사한 것이다. 그동안 아들만 11명을 얻었다. 그러나 그에게는 경제적인 능력이 전혀 없었다. 그는 이 문제를 어떻게 해결하기 시작하였으며 그 과정에서 우리가 얻을 수 있는 교훈은 무엇인지 공부하도록 하자.

토의내용

1 야곱은 고용계약 기간이 끝나자 무슨 생각을 하는가?(25절)

2 라반이 야곱을 데리고 있으면서 발견한 사실은 무엇인가?(27절)

3 오늘날 불신 사회에서 신자의 역할이 야곱처럼 되어야 한다고 생각하는가? 왜 그런가?(참고/창 12:3)

4 야곱을 보내지 않으려는 라반의 의도는 무엇이라고 생각하는가?

5 현대 사회에서는 자기는 그렇지 않으면서 다른 사람의 성실이나 충성을 이용하여 자기 이익을 취하는 자들이 많다. 신자는 이용만 당해야 하는가?

6 라반은 매우 이기주의적인 인물이다. 외삼촌이었으나 생질을 끝까지 이용하려고 한다. 형제나 친척 사이라 할지라도 사람은 항상 자기 이익을 먼저 생각한다고 하는 사실을 어떻게 받아들이는가?

7 야곱이 평소에 마음속에 지니고 있었던 고민은 무엇인가?(30절)

8 야곱이 제안한 계약 내용을 말하라(31-33절).

9 라반이 야곱의 제안을 억지로 수락하였지만 그가 대단히 계산적인 인물이라는 점을 어디에서 볼 수 있는가?(35-36절, 31:7, 41)

10 야곱은 욕심 많고 인정이라고는 전혀 없는 라반에게 어떻게 대항하였는가?

• 37-39절

• 40절

• 41-42절

11 야곱의 행동이 악하다고 말할 수 있는가? 그 이유를 28장 13-15절을 비교하여 설명해 보라.

12 현대 사회에서 부하 직원이 사업상 독립하기 위해 야곱처럼 주인에게 해를 끼치고 떠나는 예들이 있는데 여기에 대해 어떻게 생각하는가?

13 야곱은 20여 년 동안 객지에서 연단을 받았으나 아직도 많은 문제를 안고 있다. 그를 향해 오랫동안 참고 기다리시는 하나님에 대해 무엇을 느낄 수 있는가?

Lesson 36

고향으로 돌아가는 야곱

창세기 31:1-42

서론

20년 동안 외삼촌 라반의 집에서 붙어살던 야곱이 드디어 고향으로 돌아갈 때가 되었다고 판단을 내린다. 그가 떠나면서 빚어지는 여러 가지 일을 통해 우리가 무엇을 배울 수 있는지 알아보기로 한다.

토의내용

1 야곱이 외삼촌을 떠날 때가 되었다는 판단을 어떻게 내리게 되었는가?(1-2절)

2 그러나 그의 결단에 결정적인 영향을 준 자는 누구인가?(3절)

3 우리가 하나님의 뜻을 찾을 때 주변에서 일어나는 사건이 도움을 주는 경우가 종종 있는데 야곱의 예를 가지고 설명해 보라(1-3절).

4 라반과 그의 아들들은 야곱의 형통을 질시하고 오해하였다. 형제나 친척 사이에 이런 문제가 일어나는 것을 보고 무엇을 생각하는가?

5 라반의 사람됨이 선하지 못하다는 사실을 예를 들고 우리에게도 비슷한 점이 있으면 어떻게 고칠 수 있는가를 생각해 보자.

• 성실성(7절)

• 인정(14-15절)

• 자비(42절)

6 야곱이 객지생활 20년 동안 영적으로 퍽 퇴보한 것이 사실이지만 기본적인 신앙의 뿌리는 남아 있었다는 것을 무엇으로 알 수 있는가? (5, 7, 9, 11, 42절)

7 야곱은 외삼촌이 쇠하고 자기가 흥하게 된 사실에 대해 어떠한 확신을 가졌는가? 그리고 당신은 여기에 대해 어떤 느낌을 가지는가? (9, 12절)

8 야곱이 자기 맡은 일에 대단히 성실하였고 그가 얻은 복이 그냥 굴러들어온 것이 아니라 피나는 노력의 대가였다는 사실을 무엇으로 알 수 있는가?(38-40절)

9 사회생활을 하면서 신자가 가져야 할 성실성, 충직성, 근면성이 오늘날 불신자들에게 인정받고 있다고 생각하는가? 그렇지 못하다면 문제가 어디에 있다고 보는가?(참고/골 3:22)

10 라헬은 자기 아버지의 드라빔을 몰래 훔쳤다. 당시 드라빔은 개인의 수호신이나 점치는 기구로 간직하는 풍속이 있었다. 그리고 딸이 아버지의 드라빔을 가지면 사위가 장인의 재산 소유권을 주장할 수 있다는 일설이 전해오고 있다. 만일 이것이 사실이라면 라헬한테서 우리가 무엇을 교훈으로 받을 수 있는가?(참고/창 30:15)

11 라반을 통해 우리가 경고를 받아야 할 진리들을 말해 보라.

- 욕심이 지나치면…

- 정직하고 성실하지 못하면…

- 사람을 아낄 줄 모르면…

Lesson 37

야곱의 두려움과 기도

창세기 32:1-32

서론

야곱은 고향으로 돌아가고 있었다. 그러나 그의 마음이 한시도 편치 못하였는데 그 이유는 그의 형 에서가 걸렸기 때문이다. 에서는 동생이 돌아온다는 소식을 접하고 400명의 부하를 거느리고 다가오고 있었다. 이때 야곱은 무엇을 하였으며 하나님은 그를 어떻게 다루셨는지 검토해 보자.

토의내용

1 야곱이 여행할 동안 누구를 만났는가?(1절)

2 하나님이 야곱에게 이런 장면을 보여주신 이유가 무엇일까?
(참고/시 34:7)

3 야곱은 형 에서에게 미리 사람을 보내어 자신의 귀향 소식을 알렸다. 그리고 그는 에서를 "주"라고 불렀다. 야곱의 이런 태도에서 무엇을 생각할 수 있는가?(참고/신 28:65-66)

4 야곱은 하나님의 군대(2절)와 에서의 400명(6절) 가운데 어느 쪽에 더 마음이 사로 잡혔는가? 그 이유가 무엇이며 그 결과는 어떠하였는가?(7절)

5 우리에게도 야곱의 경우에서처럼 현실의 두려움을 더 의식하고 당황하는 일이 없는가? 그럴 경우 우리는 어떻게 해야 하는가?
(참고/합 3:16-19)

6 야곱이 20년 만에 기도를 하는 모습을 볼 수 있다. 무엇이 그를 기도하게 만들었는가? 그리고 그 기도의 중심 내용은 무엇인가?(9-12절)

7 당신의 경우에는 언제 기도를 많이 하게 되는가?(참고/약 5:13)

8 하나님을 움직일 수 있는 기도를 야곱에게서 배울 수 있다(9, 12절, 참고/요 15:7).

9 기도를 한 다음에도 야곱은 꾀가 많은 자기의 근성을 버리지 못한다. 그는 무엇을 하였는가? 그리고 이것은 잘 한 일인가?(13-20절)

10 선물을 좋아하는 인간의 심리를 잘 연구하고 이용하는 것에 대해 어떻게 생각하는가?(참고/잠 18:16, 19:6, 21:14)

11 밤에 야곱은 어떤 사람과 만나 씨름을 하였는데 그 어떤 사람은 누구인가?(28, 30절)

12 하나님은 야곱의 환도뼈를 상하게 하였다. 이것은 야곱에게 무슨 교훈을 주는 것이라 생각하는가?(참고/고후 12:10)

13 육신적으로 약하여진 대신 야곱이 받은 축복은 무엇인가?(28절)

14 당신은 어느 편이 강하기를 원하는가?

Lesson 38

야곱과 에서의 화해

창세기 33:1–20

서론

20년만에 야곱과 에서는 다시 상봉을 하였다. 막상 만나서 보니 하나님은 적개심에 불타는 에서의 마음을 변화시켜 놓았다. 야곱은 어느 모로 보나 하나님의 은혜 없이는 살 수 없는 사람이었다. 이제 우리는 야곱이 새로 시작한 가나안의 생활을 주의해서 볼 때가 되었다.

토의내용

1 에서가 눈 앞에 나타나자 야곱은 그의 처자들을 어떻게 하였는가? (1–2절)

2 여기서 우리는 무엇을 생각할 수 있는가?

3 야곱과 에서는 만나자마자 어떻게 하였는가?(4절)

4 서로 적의를 품고 있었던 형제들이 다시 화해하는 모습이 얼마나 아름다운가?(참고/시 133)

5 야곱이 에서를 보고 한 말이 무엇이며 이것이 진실한 표현인지 아니면 과장된 것인지 한번 이야기해 보라. 만일 과장된 표현이라고 하면 이것이 대인 관계에서 나쁜 것인지, 그리고 어느 정도로 용납할 수 있는지 생각해 보라(참고/삼상 24:14, 26:20).

6 에서는 야곱에게 무엇을 제의하였는가?(12, 15절)

7 야곱이 그 제의를 한사코 거절한 저의가 무엇이라고 생각하는가? (참고/잠 22:24-26)

8 세겜에서 야곱은 정상적인 신앙생활로 돌아온 것 같은 인상을 준다. 그는 거기서 무엇을 하였는가?(20절)

9 34장의 내용을 가지고 야곱의 집안에 무슨 우환이 일어났는지 이야기하라.

10 인간이 불행을 예측할 수가 있는가?(참고/전 6:12, 7:14)

11 시편 91편 9-12절을 놓고 우리가 재앙을 예방하는 길이 무엇이며 예방이 가능한 이유가 무엇인가를 말하라.

Lesson 39

벧엘로 돌아온 야곱

창세기 35:1-29

서론

야곱은 세겜에서 오래 거주할 생각을 가졌던 것 같다. 아마 그 땅이 목축을 하기에 매우 좋은 여건을 가졌던 모양이다. 그러나 그에게 한 가지 잘못 생각하는 것이 있었다. 하나님께 대한 마음의 태도였다. 20년 만에 큰 복을 받고 돌아온 그가 먼저 생각해야 할 문제가 있었다. 그러나 그는 그 일을 잊었든지 뒤로 미루고 있었다. 그 결과는 좋을 수 없었다.

토의내용

1 하나님은 야곱이 어떠한 처지에 놓였을 때 찾아오셨는가?
(1절, 참고/창 34:30)

2 하나님이 무엇을 명령하셨는가?(1절)

3 하나님은 왜 벧엘로 올라가라고 하였을까?(참고/창 28:20-22, 신 23:23)

4 야곱의 가정에 몰아닥친 불행에 하나님의 뜻이 있었다고 생각하는가? 만일 그렇다면 왜 뜻이 있었다고 생각하는가?

5 야곱은 어떻게 순종하였는가?(2-4절)

6 참 회개의 요소 몇 가지를 야곱한테서 배울 수 있다.

7 하나님은 진심으로 회개하고 복종하는 야곱을 어떻게 도우셨는가?(5절)

8 하나님은 벧엘로 돌아온 야곱을 어떻게 환영하셨는가?(9-15절)

9 당신의 현 주소는 세겜인가, 아니면 벧엘인가?

10 라헬이 죽자 묘비를 세우는 야곱한테서 무엇을 느낄 수 있는가?(참고/전 9:3-6)

11 야곱의 노년에 일어난 또 하나의 가정 비극은 무엇인가?(22절)

12 오늘 당신 마음에 특별히 와서 닿는 진리는 무엇인가?

• 세겜으로 안주한 야곱

• 하나님의 징계와 회개

• 벧엘의 축복

• 라헬의 죽음

• 가정 안에서 발생한 불륜 관계

Lesson 40

요셉의 꿈

창세기 37:1-11

서론

오늘부터 우리는 요셉의 일대기를 공부하기 시작한다. 창세기에 등장하는 네 명의 신앙 인물 중 마지막에 속하는 요셉은, 현대를 사는 우리들에게 여러 가지 산 교훈과 암시를 던져 주는 매우 매력적인 사람이다. 흔히 일컬어 흠이 없는 사람으로 통하는 요셉한테서 우리가 무엇을 배울 수 있는지 함께 공부해 보도록 하자. 이 시간에는 그의 소년 시절에 있었던 한 토막의 에피소드를 소개하려고 한다.

토의내용

1 야곱이 고향으로 돌아온 뒤 안착한 곳이 어디인가?(1절)

2 이 사실은 36장 6-7절과 비교해 보면 하나님의 섭리와 약속의 성실성에 대해 무엇을 배울 수 있는가?

3 37장 2-11절을 각자가 다시 한번 정리하여 말해 보자.

4 가정에서 흔히 보이는 막내둥이의 기질이 요셉에게서 어떻게 나타나고 있는가?(2절)

5 막내에 대한 야곱의 편애에 대해서 말해 보라. "노년에" "더 사랑" "채색옷" 등의 말을 가지고 여러 가지 추리를 해 볼 수 있다.

6 당신은 자녀에 대해 이러한 편애를 하지 않는가? 그리고 만일 당신이 이런 편애를 받으면서 성장한 사람이라면 부모가 된 지금 그것을 어떻게 생각하는가? 좋은 점 나쁜 점을 분석해 보라.

7 형제들의 요셉에 대한 반응이 무엇인가? "그를 미워하여"(4절) "편안하게 말할 수 없었더라"(4절) "더욱 미워하였더라"(5절) "더욱 미워하더니"(8절)란 말들이 연속으로 나오는 것을 가지고 이야기해 보라.

8 사랑과 미움의 관계를 생각해 보라. 사랑받지 못할 때 그 사랑을 독점하는 자를 미워하는 것이 정상이라고 생각하는가?(형제 사이, 남녀관계, 교인 사이 등에서)

9 요셉이 두 번이나 연속 꾼 꿈의 골자는 무엇인가?

10 요셉의 일생은 이때 꾼 꿈에 의해 전개되는데 당신은 꿈을 어떻게 생각하는가?

11 다음 성구들을 가지고 꿈에 대한 것을 생각해 보라.

• 삼상 28:6

• 신 13:1-3

• 행 2:17

12 우리가 하나님의 뜻을 따르기 위해 택할 수 있는 가장 완전한 길은 무엇인가?(시 119:105)

Lesson 41

팔려 가는 요셉

창세기 37:12-36

서론

형제간에 염병처럼 번진 시기와 증오가 야곱 집안에 가져다 준 비극과 고통은 필설로 표현하기 어려운 상황으로 발전하기 시작하였다. 인간의 잔혹함이 얼마나 무서운가를 다시 한번 목격하게 되는 현장이다. 하나님께서 특별히 선택한 사람들의 집안에서 이런 일들이 일어날 수 있다는 사실과 그러한 인간의 약함과 악함을 통해서도 하나님은 그의 선하신 뜻을 이루고 계심을 볼 때 우리는 무엇을 배울 수 있는가?

토의내용

1 전체 내용을 다시 정리하여 이야기해 보라.

2 야곱은 그의 아들 요셉에게 어떠한 역할을 맡긴 것 같은가?(13–14절, 참고/2절)

3 이러한 야곱의 처사가 지혜롭지 못하였다. 그 이유를 생각해 보라. (참고/잠 18:19, 전 7:16)

4 요셉이 가까이 오는 것을 본 형제들이 무엇을 꾀하였는가?(18절)

5 그렇게 악한 생각을 품은 원인이 무엇인가?(19–20절, 참고/행 7:9)

6 '시기→미움→살인'의 관계를 이야기해 보라. 특히 시기가 시기하는 자에게 얼마나 해로운가를 생각하라(참고/잠 14:30).

7 23절에서 채색옷을 다시 한번 언급하는 이유가 무엇인가? 우리 가정에서는 자녀들끼리 화목을 해치는 채색옷을 어느 한 자녀에게 입히고 있지 않는지 반성하라.

8 유다가 무슨 제안을 내어 놓았는가?(26-27절)

9 유다의 성격에서 볼 수 있는 이중성을 주의하라. 한편으로는 요셉을 위해 주는 것처럼 하면서 다른 한편으로는 어느 형제들도 그 생각이 미치지 못한 간교한 생각을 하고 있다. 위해 주는 척하면서 해를 끼치는 이런 사람을 어떻게 생각하는가? 당신에게는 이런 일면이 없는가?

10 요셉의 실종으로 인해 야곱이 그 말년에 겪은 정신적인 고통을 잘 표현하는 말들은 무엇인가?(34-35절)

11 야곱이 그의 아버지 이삭과 형 에서를 속이고 그들의 마음에 큰 슬픔과 고통을 안겨 주었던 사람이라는 점을 감안할 때 우리는 무엇을 배울 수 있는가?

12 당신이 말년에 편안하기 위해서 지금부터 가정에서 힘써야 할 것이 무엇인지 각자 생각해 보라.

Lesson 42

요셉이 받은 유혹

창세기 39:1–23

서론

말씀의 현장이 다시 요셉에게로 옮겨진다. 우리가 38장에서 발견한 사실은 유다를 위시하여 야곱의 식구들이 세속과 끊을 수 없는 처지에 놓여 더이상 선택받은 아브라함의 자손다운 신앙과 혈통을 유지할 수 없는 위기를 맞고 있다는 것이다. 하나님은 그의 택하신 백성을 좀 더 안전하게 보전하실 새 안식처를 요셉을 통하여 마련하려고 하신다. 가나안 사람들의 유혹에서 벗어나 큰 국민으로 흥왕할 수 있는 준비를 요셉의 손으로 하고 계신 것이다. 요셉 자신도 하나님의 드러나지 아니한 이 엄청난 계획을 모르고 있었다. 그러나 이 큰 계획을 가지신 하나님이 요셉을 어디로 인도하시며 어떻게 보호하시는가를 살펴보는 것은 우리 자신을 위해 매우 유익할 것이다.

토의내용

1 요셉이 어디로 팔려갔는가?(1절)

2 언제 "여호와께서 요셉과 함께 하셨다"고 하셨는가? 그리고 우리가 때를 중시하는 이유가 무엇인가?(2, 21절)

3 다음 구절들을 가지고 "여호와께서 함께 하심"의 의미를 생각하여 보라.

• 시 23:4

• 사 41:10

• 마 28:20

4 여호와가 함께 하심의 결과를 말하라(3–6절, 21–23절).

5 당신에게는 하나님이 함께 하신다는 확신이 있는가? 그리고 무엇으로 그 사실을 알 수 있는가?

6 요셉이 당한 시험이 무엇인가?(7절)

7 이 시험에 대해서 요셉은 어떤 반응과 태도를 보였는가?(8-12절)

8 현대 사회에서 하나님의 자녀들이 가장 경계해야 할 유혹이 있다면 어떤 것들인가?

9 요셉으로부터 유혹을 이기는 비결을 적어도 세 가지를 배울 수 있다. 무엇인가?

10 요셉은 의롭게 살려다 더 암담한 궁지에 빠졌다. 이것은 무엇을 교훈하는가?(참고/딤후 3:12)

11 당신은 의롭게 살기 위해 치러야 할 고난을 감수할 각오가 되어 있는가?

12 의로운 삶을 추구하는 자의 형통, 능력, 축복은 무엇인가?(23절)

Lesson 43

야곱 가문의 수치스러운 사건

창세기 38:1-30

서론

우리가 38장을 읽으면 '왜 성경에 이런 이야기가 기록되어 있을까?' 그리고 '무엇 때문에 거북할 정도로 소상하게 사건을 묘사하고 있는 것일까?' 하는 의문을 품게 된다. 아마 이것은 성경 중에서 가장 읽기 거북한 말씀 가운데 하나가 아닌가 한다. 그러나 하나님께서 이 말씀을 기록하실 때에는 확실한 이유와 목적이 있었다는 것을 의심할 수 없다. 우리는 겸손하게 하나님의 심중을 헤아려 보지 않으면 안 된다. 이 사건 안에는 인간의 타락과 하나님의 은혜가 강력한 화염을 뿜으면서 흘러 내리고 있다. 타락과 은혜, 범죄와 위로, 비극과 축복이라는 쌍곡선을 주의해서 살펴야 할 것이다.

토의내용

1 요셉을 팔아 넘기는 데 앞장서면서 유다는 잠깐 사건의 주인공으로 등장한다. 그의 사람 됨됨이로 보아 영적으로 얼마나 어두워 있다는 것을 무엇으로 알 수 있는가?(1–5절)

2 유다의 행동이 어떤 면에서 비신앙적이라 할 수 있는가?

3 유다가 가나안 여인과 관계하여 자녀를 낳은 것이 하나님을 노엽게 하였다는 것을 무엇으로 할 수 있는가?(7–10절)

4 당신은 선택받은 하나님의 자녀로서 유다처럼 세상 사람들과 이해관계에 따라 마음대로 결탁하는 일이 없는가?(참고/고후 6:14–16)

5 소위 동생이 죽은 형의 혈통을 이어주게 하는 수혼제도에 대해 신명기 25장 5-6절을 읽어 보라. 그리고 어떤 의미에서 이 제도가 필요했다고 생각하는가?

6 유다가 아들들에게 일어난 비극을 겪고도 여전히 옛 생활을 반복하다 결국에는 무슨 일을 당하였는가?(13-18절)

7 하나님의 자녀가 하나님의 징계를 두려워하지 않고 한 행위를 계속하면 그 마지막이 얼마나 수치스럽고 원망스럽게 된다는 것을 유다의 경우를 가지고 각자 자기의 경우와 비교하면서 이야기하라.

8 다말의 행위에서 동정할 수 있는 면과 비난받아야 할 면을 나누어서 생각하라.

9 하나님이 다말에게 측량할 수 없는 은혜를 베푸셨다. 그것이 무엇인가?(28-30절, 참고/룻 4:12, 18-22, 마 1:3)

10 유다와 다말의 관계는 우리가 절대로 이해할 수도 없고 용납할 수도 없는 일이다. 그런데 하나님은 이 사건을 그가 인간을 구원하려는 거룩한 계획의 하나로 선용하셨다. 여기서 우리가 배울 것이 무엇인가?

- 눅 1:48

- 롬 9:16

- 롬 5:20

- 엡 2:8-9

11 당신은 하나님 앞에서 유다가 다말보다 나은 것이 있어서 구원 받았다고 생각하는가? 그런데 왜 다말에게 돌을 던지고 있는가?

Lesson 44

요셉의 꿈 해몽

창세기 40:1–23

서론

요셉의 감옥 생활은 여러 가지 면에서 요셉을 위하여 중요한 과정이었다. 요셉의 신앙, 요셉의 성결을 테스트하고 연단하는 마지막 단계였다. 그리고 하나님이 함께하시는 은혜가 얼마나 확실한가를 실증하는 계기가 되었다. 마지막으로는 하나님을 경외하고 의롭게 살려고 하는 자에게 주시는 특별한 선물이 무엇인가를 발견하는 기회이기도 하였다. 오늘 우리가 다루게 된 내용에서 이러한 진리를 발견할 수 있다.

토의내용

1 요셉이 갇힌 감옥에 새로 들어온 손님들은 누구인가?(1–3절)

2 술 맡은 관원장이 무슨 꿈을 꾸었는가?(9-11절)

3 여기에 대한 요셉의 해몽은 무엇인가?(12-13절)

4 당신은 꿈을 해몽하는 일에 대해 어떻게 생각하는가?

5 요셉이 꿈을 해몽할 수 있었던 근거가 어디에 있는가?
(41:16, 참고/단 2:23)

6 지금은 왜 해몽하는 계시를 주시지 않는가? 완성된 성경과 관련시켜 생각해 보라.

7 요셉이 술 맡은 관원의 꿈을 해석해 준 다음 무엇을 당부하였는가? 그리고 여기서 우리는 무엇을 배울 수 있는가?(14-15절)

8 두 관원에게 꿈이 어떻게 이루어졌는가?(20-22절)

9 요셉의 은혜를 잊어버린 술 맡은 관원장에게서 무엇을 배울 수 있는가?

10 하나님께서 큰 뜻을 가지고 요셉을 다루시는 과정에서 사람들을 이용하고 계시는 것을 볼 수 있다. 그들이 누구누구인가? 그리고 우리는 여기서 무엇을 배울 수 있는가?

Lesson **45**

애굽의 치리자가 된 요셉

창세기 41:1–57

서론

요셉이 얼마 동안 감옥생활을 했는지 정확히 알 수 없다. 일반적으로 2년 가까이 되지 않았을까 추측한다(1절). 드디어 그에게 결정적인 기회가 돌아온다. 바로의 꿈을 해석해 주게 된 것이다. 그리고 즉시 애굽 전국을 통치하는 이인자의 자리에 앉게 된다. 이것이 언제 우연히 일어나는 일이라 할 수 있는가? 우리는 요셉의 배후에서 그를 조종하시는 하나님으로부터 한시도 눈을 떼어서는 안된다. 동시에 그 하나님이 바로 우리의 아버지라는 사실은 우리에게 무엇을 배우고 느끼게 하는지를 주의해야 할 것이다.

토의내용

1 바로가 무슨 꿈을 꾸었는가?(1–7절)

2 바로가 꿈을 꾸고 마음이 번민하였다고 하는데 그 이유가 무엇인가? 당신은 그런 경험이 있는가? 그렇게 번민하는 것이 신앙적인 태도인가?

3 술 맡은 관원장이 갑자기 생각난 것은 무엇인가?(9-13절)

4 여기서 우리는 신기한 생각을 금하지 못한다. 바로의 꿈과 관원장의 기억이 때를 맞추어 나타나고 있다. 타이밍을 맞추시는 하나님을 어떻게 생각하는가?

5 요셉이 2년 이상 감옥에 있어야 했던 것은 하나님의 타임테이블 때문이었다. 고난 중에 우리가 자주 조급해하고 불평하는 이유를 여기서 찾을 수 있다.

6 해몽하는 요셉의 신앙과 태도를 16절을 가지고 생각해 보라. (참고/28, 38-39절)

7 바로의 꿈을 해석한 내용이 무엇인가?(29-31절)

8 요셉의 처방책은 무엇인가?(32-36절)

9 바로의 꿈이 자연 꿈이 아니라 계시적인 꿈이요, 요셉의 해석이 일반적인 해몽이 아니라 계시적인 해몽이라는 증거를 다음 몇 가지를 가지고 설명하라.

(1) 요셉이 투옥됨으로 꿈을 해석하는 자로 바로 궁에 알려짐
(2) 아무도 풀 수 없는 꿈을 왕이 두 번 연속 꾸게 됨
(3) 요셉의 명확한 해석
(4) 해석대로 이루어짐
(5) 이것으로 하나님의 뜻(이스라엘 가족의 애굽 이주)이 이루어짐

10 요셉이 누리게 된 영화를 말하라(40-43절).

11 지금까지 요셉이 걸어온 과정을 통해 예수 그리스도의 예표가 된다고 생각되는 것들을 찾아보라.

12 오늘 공부에서 각자가 특히 깨달은 것들이 무엇인지 지적해 보라.

(1) 요셉의 전화위복

(2) 하나님의 타임테이블

(3) 요셉의 꿈 해석

(4) 우연이란 없다.

Lesson 46

형들과 만나는 요셉

창세기 42:1–38

서론

요셉이 예언한 대로 기근이 시작되자 그 피해는 애굽에만 한정된 것이 아니었다. 가나안 지역과 그 이웃 나라까지 심각한 식량난에 처하기 시작하였다. 아직도 5년의 기근이 남아 있었다. 야곱의 집안이 얼마나 심각한 위기에 직면하고 있었는지 모른다. 10명의 형제들이 요셉을 만나는 장면은 흥미로운 동시에 여러 가지 영적 교훈을 남기고 있다. 이때 요셉의 나이는 38세나 39세 정도였다.

토의내용

1 야곱이 열 아들에게 무엇을 명령하였는가? 그리고 그 이유가 무엇인가?(1–2절)

2 야곱의 아들들이 애굽으로 가는 것을 퍽 주저한 흔적을 볼 수 있는데 그 이유를 생각해 보라(1절, 37:25, 28).

3 당신에게도 비슷한 심리가 없는가? 있다면 이야기해 보라.

4 6절의 "그 앞에서 땅에 엎드려"와 37:6-8을 비교하면서 무엇을 배울 수 있는가?

5 요셉이 형들에게 엄한 소리로 심문한 것은 그들이 타국인이므로 특별히 조사하는 당시의 관례일 수 있었다. 그러나 요셉이 그들을 정탐으로 몰아 부치는 데에는 저의가 있었다. 그것이 무엇일까?(13, 15절)

6 요셉이 3일간 형들을 가두었다. 그 일이 형들에게 어떠한 영향을 주었는가?(21-22절)

7 요셉은 형들의 양심을 일깨우고 21년 전의 그들에 비해 달라진 것이 무엇인가 계속 살피고 있었다. 그 이유를 생각해 보라.

8 하나님은 종종 우리의 양심을 깨우치기 위해 일을 하실 때가 있다. 각자의 경험을 이야기해 보라.

9 양심에 대해 다음 성구들을 살펴보라.

- 고전 8:7

- 벧전 3:16

- 히 9:14

10 요셉이 차자 시므온을 대표로 결박하여 가둔 이유가 무엇일까? 장자 르우벤을 돌려보낸 사실이라든지 49장 5-7절에서 시므온에게 축복이 전혀 없는 사실을 보아 무엇인가 짐작되는 것이 있다.

....

....

....

11 요셉의 마음속에 흐르는 가족에 대한 애정을 엿볼 수 있다(19절, 24-25절).

....

....

....

12 요셉은 자신을 가리켜 하나님을 경외하는 자라고 말하였다. 다음 구절을 가지고 그 말이 얼마나 진실인가를 확인해 보라(39:9, 40:8, 41:16, 32, 51).

....

....

....

Lesson 47

형들을 계속 시험하는 요셉

창세기 43:1-44:34

서론

오늘 본문은 매우 길다. 내용을 공부하는 것도 중요하지만 본문을 그대로 읽는 것은 더 중요하다. 다 읽은 다음에 무엇을 알고 깨달았는지를 먼저 서로 나누고 교재를 다루면 좋을 것이다. 요셉은 조금도 고삐를 늦추지 않고 형들의 진실과 변화를 시험하고 있다. 몇 마디의 말, 겉으로 나타나는 좋은 인상으로 어찌 인간의 마음속에 자리잡은 진실을 파악할 수 있겠는가? 속사람을 조급하게 판단하지 말아야 하는 이유를 배울 수 있을 것이다.

토의내용

1 야곱이 다시 가서 양식을 사오라 했을 때 유다가 대답한 내용의 골자를 정리하라(1-10절).

2 42장 37절에 나오는 르우벤의 말과 비교하여 유다와 르우벤의 성격이나 사람 됨됨이를 평가해 보라.

3 유다는 그의 아비를 설득시키는 데 성공하였다. 이때 야곱은 신앙의 사람으로 되돌아가는 것을 볼 수 있다. 왜 그런가?(14절)

4 하나님은 요셉의 형들을 시험, 연단하시는 수단으로 두려움을 사용하고 계신다. 그 이유를 생각해 보라(42:28, 43:18, 44:13, 참고/고후 7:10-11).

5 요셉이 형들과 동생을 융숭하게 대접하고 보내면서 무슨 계교를 사용하였는가?(44:1-5)

6 은잔을 베냐민의 자루에 넣은 이유가 무엇일까? 그리고 그를 종으로 잡아 두고 다른 형제들은 평안히 가도 좋다고 말하는 저의가 무엇인가?

7 유다의 변명과 간청에서 가장 중요하고 여러 번 반복한 내용이 무엇인가?(44:20, 21, 29, 30, 31, 34)

8 유다의 이 말 속에서 그들이 옛날의 형들과 다르다는 것을 볼 수 있다. 왜 그런가?

9 유다의 말 중 16절과 33절을 보면 형들에게서 나타난 변화와 진실을 다시 한번 읽을 수 있다. 왜 그런가?

10 이 모든 증거는 요셉과 형들이 다시 화목할 수 있는 준비가 되었다는 것을 의미한다. 왜 그런가?

11 우리가 하나님의 자녀로서 잘못하여 교제가 단절되든지 불편하게 되면 진정한 교제를 다시 회복하기 위해 우리 편에서 무엇이 필요한가? (요일 1:8-10)

Lesson 48

요셉의 형들의 화해

창세기 45:1-28

서론

요셉은 형들의 마음이 20년 전에 비해 많이 달라지고 아버지와 동생 베냐민을 향한 따뜻한 애정이 그들 가슴에 흐르고 있는 것을 발견하자 자기의 신분을 밝히게 된다. 드디어 찢어졌던 상처를 다시 싸매고 하나님의 선민으로서 하나되는 감격스러운 화해가 이루어진 것이다. 여기서 우리는 형제가 화해하고 하나되는 아름다움을 다시 한번 볼 수 있다. 그러나 우리는 화해를 위해 절대 필요한 전제 조건이 무엇인가를 그냥 보고 넘기지 말아야 할 것이다.

토의내용

1 요셉이 자기 신분을 형들에게 알리는 자리에서 그의 감정이 어떻게 표현되었는가?(45:1-2, 참고/42:24, 43:30)

2 요셉이 제일 처음 물은 안부가 무엇인가? 이것을 보고 우리가 무엇을 느낄 수 있는가?(3절)

3 요셉이 형들을 안심시키기 위해 한 말을 다시 정리하라(5–8절).

4 여기서 요셉이 형들을 원망하며 복수하지 아니한 이유를 다음 두 가지 측면에서 말하라.

(1) 하나님의 주권을 인정함(참고/엡 1:11)

(2) 하나님의 계획을 이해함(참고/사 14:24–27)

5 우리가 요셉과 같은 믿음을 가지면 로마서 12장 19절을 실천할 수 있으리라. 그 이유를 말하라.

6 요셉이 형들을 대하는 데서 마치 하나님이 우리 죄인들을 대하는 것과 흡사한 몇 가지 성격을 찾을 수 있다. 그 내용을 설명하라.

• 사랑, 용서, 격려, 소망

7 요셉과 형들의 화해가 이루어지자 형들에게 보장된 다음 축복에 대해 말해 보라.

• 양심의 평안

• 보호의 약속

• 풍요의 보장

8 형들은 요셉의 살아 있음과 그의 영광을 가족들에게 알려줄 소명을 받고 떠났다. 우리도 예수 그리스도에게서 동일한 소명을 받고 있다. 왜 그런가?

Lesson **49**

애굽으로 내려간 이스라엘

창세기 46:1-7, 47:1-2, 27-31

서론

드디어 야곱의 가족은 요셉의 초청으로 애굽 땅을 밟는다. 그리고 야곱은 죽은 줄 알았던 요셉을 만나는 극적인 감격을 맛보게 된다. 우리가 여기서 무엇을 배울 수 있는지 성령의 인도하심을 기다려 보아야 하겠다.

토의내용

1 이스라엘이 애굽으로 향하는 도중 하나님께 제사한 곳이 어디인가? 그리고 왜 거기서 제사하였는가?(46:1, 참고/26:23-25)

2 이스라엘이 드린 제사의 응답이 어떻게 나타났는가? 그리고 하나님이 주신 메시지는 무엇인가?(46:2-4)

3 46장 4절에서 "내가 너와 함께 애굽으로 내려가겠고"라고 하신 하나님의 말씀을 읽고 무엇을 느끼는가?

4 지금 우리는 200여 년 전에 하나님이 예언하신 말씀이 성취되는 것을 볼 수 있고 동시에 400여 년 후에 이루어질 또다른 예언을 보게 된다.

• 애굽행(46:3, 창 15:13)

• 큰 민족(46:3, 출 1:7)

5 당신은 하나님의 말씀이 참되며 정확하다는 사실을 의심없이 믿는가?

6 하나님은 46장 4절에서 요셉이 살아 있다는 사실을 처음으로 이스라엘에게 알려 주신다. 하나님이 20여 년 동안 요셉에 대해 침묵하고 계신 것을 당신은 이해할 수 있는가?

7 이스라엘 백성이 남자만 모두 얼마나 애굽으로 이주하였는가?(46:26-27)

8 야곱이 바로를 만나 무엇을 하였는가? 그리고 그것이 우리에게 주는 교훈은 무엇인가?(47:7, 참고/벧전 3:9, 히 7:7)

9 나이를 묻는 바로의 질문에 야곱이 대답한 내용을 설명하고 깨달은 것을 이야기하라(47:9).

10 야곱이 죽기 전에 요셉에게 맹세하게 한 내용은 무엇인가?(47:29-30)

11 애굽에 묻히기를 바라지 아니하는 야곱에게서 우리가 배워야 할 것이 무엇인지 각자 말해 보라(참고/빌 3:20-21, 골 3:1-3).

Lesson 50

12지파가 된 요셉의 두 아들

창세기 48:1–22

서론

야곱이 애굽에서 생활한 지 17년이 흘렀다. 흉년의 악몽도 다 지나가고 이스라엘 자손들은 요셉의 후광 아래서 태평세월을 누리며 번성하고 있었다. 자신의 임종이 가까운 것을 직감한 야곱은 요셉과 두 손자를 조용히 만나 선민의 족장답게 놀라운 믿음의 교훈을 전하여 준다. 야곱의 황혼은 그의 150여 년 인생처럼 바람이 몰아치고 구름이 낀 침울한 분위기와는 대조적이다.

토의내용

1 야곱의 병세가 위독하다는 소식을 듣고 요셉은 무엇을 하였는가?(1절)

2 요셉이 왔다는 말을 듣고 그는 침상에서 몸을 일으켰다. 그때 야곱이란 이름대신 이스라엘이라는 이름이 사용된다. 그런 예는 45장 27-28절과 47장 31절에서도 볼 수 있다. 무슨 의미를 담고 있을까?

3 이스라엘은 요셉에게 무엇을 증거하고 있는가?(3-4절)

4 그리고 21절에서는 무엇이라고 증거하는가?

5 이것은 이스라엘이 숨을 거두기 직전까지 무엇을 의지하는 믿음과 소망의 사람임을 알 수 있는가?(참고/히 11:13)

6 이스라엘이 요셉의 두 아들에게 무엇을 요구하였는가? 그리고 그것은 무엇을 의미하는가?(5-6절, 민 1:21-46)

7 신명기 21장 17절, 역대상 5장 1-2절을 가지고 요셉이 그 아비로부터 얻은 축복을 말해 보라.

8 야곱이 요셉을 앞에 놓고 임종 직전에 그의 아내 라헬과 그의 죽음을 회상하는 것을 보고 무엇을 느끼는가? 그리고 이제 야곱은 그 아내에게 어떤 대우를 한 셈이 되었는가?(7절)

9 이스라엘이 두 손자에게 안수하며 축복할 때 생긴 해프닝을 이야기하라(9-14절).

10 이스라엘이 15-16절에서 하나님을 어떻게 고백하고 있는가?(여기서 "건지신 여호와의 사자"는 하나님의 다른 칭호라고 생각해도 무방하다)

11 당신은 이 세상을 다 살고 떠나면서 자손들 앞에서 이렇게 아름다운 신앙의 간증을 할 수 있다고 생각하는가?

12 창세기를 공부하면서 차자를 장자보다 앞세우는 사례가 자주 나오는데(가인보다 아벨, 가인 대신 셋, 하란 대신 아브라함, 이스마엘 대신 이삭, 에서 대신 야곱) 그 이유가 어디 있다고 생각하는가?(19-20절, 참고/요 1:12-13, 롬 9:15-16, 고전 1:27-29)

13 우리를 무조건 구원해 주신 하나님께 다시 한번 감사하자.

Lesson **51**

야곱의 마지막 축복

창세기 49:1-33

서론

이스라엘의 임종이 가까웠다. 요셉의 두 아들을 입양하고 축복하기를 끝마친 이스라엘은 마지막으로 자신의 열두 아들을 침상 앞에 모으고 축복을 하였다. 하나님께서 선민의 족장에게 허락하신 축복권은 후에 놀라울 정도로 그 자신들의 장래를 좌우하는 구속력을 가지고 있었다.

토의내용

1 야곱은 죽기 전에 무엇을 하려고 하였는가?(1절)

2 히브리서 11장 21절은 임종시 축복하는 행위가 무엇에 근거하고 있다고 가르치는가?

3 우리도 믿음으로 자녀들을 위해 축복할 수 있는가?

4 야곱의 아들들 가운데 축복대신 책망과 저주를 받은 것 같아 보이는 자들이 있다. 누구 누구인가?

5 그들 가운데서 시므온의 후손에게 야곱의 예언이 어떻게 성취되었는가를 살펴보라.

• 민 26:14

• 신 33장

• 수 19:9

6 레위는 12지파에서 제외된다. 그대신 무슨 축복을 얻는 은혜를 얻는가?(참고/신 10:8-9)

7 유다는 가장 큰 축복을 받았다. 그 내용을 정리해 보라(9-12절).

8 이스라엘 자손의 실질적인 장자는 유다라고 말하는 이유는 무엇인까?(참고/대상 5:1-2, 계 5:5)

9 잇사갈을 위한 축복 내용을 보면 어떤 성격을 가진 사람을 연상할 수 있는가?

10 요셉은 유다처럼 통치권을 가진 장자는 아니나 재산면에서 두 몫을 받은 장자라 할 수 있다(신 21:17). 그가 받은 축복의 내용을 검토하라(24-26절).

11 베냐민을 "물어뜯는 이리"라고 말한 것을 보면 막내로서 그가 지닌 특별한 성격을 알 수 있을 것 같다. 왜 그런가?

12 야곱의 아들들이 다 축복을 받은 것이 아니다. 그러면 28절을 어떻게 받아들일 수 있는가?

13 우리가 세상에서 복을 누리든 그렇지 못하든 복 받은 사람이라고 자부할 수 있는 이유를 말하라.

Lesson 52

야곱과 요셉의 죽음

창세기 49:29-50:26

서론

드디어 우리도 창세기 마지막 장을 공부하게 되었다. 여기 위대한 족장 야곱과 요셉의 최후를 공부하게 된다. 영광스러우면서 동시에 파란만장했던 한 세대가 조용히 무대 뒤로 사라지고 있는 것이다. 그러나 마지막 순간까지 믿음을 지키며 소망 가운데서 흐트러지지 아니하는 그들의 믿음을 지켜보면서 우리가 받는 도전이 얼마나 큰지 모른다. 인생은 누구나 사라지기 마련이다. 중요한 것은 어떻게 사라지느냐 하는 것이다.

토의내용

1 야곱은 자신의 죽음을 어떻게 묘사하고 있는가?(49:29)

2 야곱의 말은 무엇을 의미하는가?(참고/마 22:32)

3 야곱은 자기를 어디에 묻어 달라고 하였는가?(49:29)

4 이것은 무엇을 의미하는가?(참고/창 35:11-12)

5 요셉은 자신의 지위와 신뢰를 이용하여 그의 부친의 장례식을 국왕의 장례식처럼 치렀다. 그 내용을 살펴보라(50:2-3, 9-10).

6 야곱이 죽자 요셉의 형들은 무엇으로 고통을 당하기 시작하였는가? 그리고 그들은 무엇을 하였는가?(50:15-18)

7 여기서 우리는 범죄한 자에게 가책과 두려움이 얼마나 깊이 뿌리를 박으며 얼마나 오래 가는가를 볼 수 있다. 당신에게도 이와 비슷한 경험이 있는가?

8 하나님은 우리의 죄를 어떻게 용서하시는가?(참고/사 43:25, 마 7:18)

9 형들에게 선으로 갚아 주는 요셉의 태도에서 느낀 바를 이야기하라. (50:19-21)

10 요셉이 임종 시 자손들에게 말한 신앙고백은 무엇인가?(50:24)

11 요셉은 후손들에게 무엇을 부탁하고 맹세하게 하였는가?(50:25)

12 왜 그렇게 맹세를 시켰는가?(참고/히 11:22)

13 만일 당신의 임종이 임한다면 요셉처럼 할 수 있겠는가?

지금까지 나온 옥한흠 다락방 시리즈

1. 새가족모임 교재
2. 창세기
3. 출애굽기
4. 마가복음 1
5. 마가복음 2
6. 에베소서
7. 야고보서
8. 다윗
9. 사도행전 1
10. 사도행전 2
11. 시편 1
12. 시편 2
13. 로마서 1
14. 로마서 2
15. 로마서 3
16. 데살로니가전후서
17. 욥기
18. 요한복음 1
19. 요한복음 2
20. 요한복음 3
21. 빌립보서
22. 산상수훈

옥한흠 다락방 시리즈 2

창세기

초판 1쇄 발행 1992년 10월 30일
개정판 1쇄(53쇄) 발행 2022년 5월 23일

지은이 옥한흠

펴낸이 오정현
펴낸곳 국제제자훈련원
등록번호 제2013-000170호(2013년 9월 25일)
주소 서울시 서초구 효령로 68길 98(서초동)
전화 02)3489-4300 **팩스** 02)3489-4329
이메일 dmipress@sarang.org

ISBN 978-89-5731-852-2 03230

국제제자훈련원은 건강한 교회를 꿈꾸는 목회의 동반자로서 제자 삼는 사역을 중심으로
성경적 목회 모델을 제시함으로 세계 교회를 섬기는 전문 사역 기관입니다.